月　球　漫　步

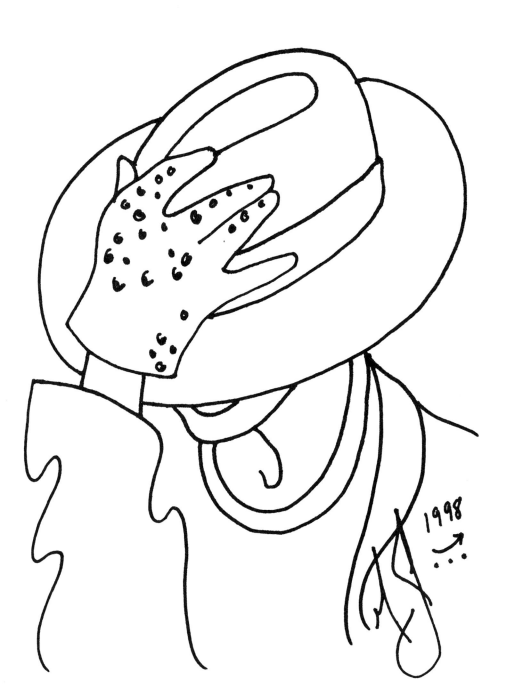

MOONWALK
月球漫步

[美]迈克尔·杰克逊　著

黄玥玥　译

上海三联书店

谨以此书献给

弗雷德·阿斯泰尔

弗雷德·阿斯泰尔（Fred Astaire, 1899.5.10—1987.6.22）：美国著名导演、舞蹈家，他被公认为电影史上最伟大的舞者。（若无特别标注，本书脚注均为编者注。）

2009年再版新序

迈克尔·杰克逊不是那种每隔十年就会出现一个、每隔一代人就会出现一个，或者是你一辈子里会出现一个的艺人。他是前无古人，后无来者的。我有幸在他九岁的时候就遇到了他。即便是在那时，他的身上也已经显现出了令人无法抗拒的特质。坦率来说，我不知道究竟是什么令他如此特殊。为什么一个小孩子能对我产生如此之大的影响力？这种影响力强大到让我立刻可以抛下对跟小屁孩进行商业合作的担忧疑虑，让我迫不及待地想要为迈克尔和他的兄弟们创造出一个让他们的天赋得以尽情发展的环境。

即便是在那时，他已经非常了解自己。他知道自己是特殊的。他可以唱得或跳得像任何人一样好——但他只想做得更好。

他自身的饥渴推动他去学习，去提高自己，去成为最好的那一个。他是完美的学生。他向伟人学习，变得比伟人更伟大。他不断提高标准，然后打破标准。他的天赋与创造力推动着他，也推动着他的演艺事业达到了一个至高无上的水平。

《月球漫步》是他第一次用自己的文字讲述自己的故事，讲述他对生活的体会，讲述他的所思所感。这本书为人们提供了一个独特的机会，让人们可以了解迈克尔的真正天赋所在，了解这个来自美国印第安纳州加里市的小孩是如何鞭策自己成为世界巨星的。

《月球漫步》披露了大量迈克尔的真实自我，但你只有深入字里行间，才能真正全面了解他。我不得不说，他确实具有双重个性。舞台下的他性格腼腆，柔声细语，有些孩子气；但当他站上舞台，面对尖叫的观众，他就变成了另一个人：君临天下，毫不留情。作为一个表演者，舞台对他来说关乎生存或灭亡。

他不仅在创作、歌唱、制作、表演、舞台等方方面面都是一名充满创造力的大师，他的思想也充满了创造力。为了保护自己，他创造出了一种心理机制——变幻出各种截然不同的性格——用以应付舞台上下，在会议室里，在博弈之中，在制定商业计划时，在自我提升时。才华横溢？对！天赋异禀？对极了！他就是能切换自如。而他的诸多个性看似互相矛盾，但他的内心却永远纯净美丽，充满爱心。

1968 年 7 月，迈克尔和他的兄弟杰克、杰梅因、蒂托、马龙[①] 来到底特律的摩城唱片公司试音。杰克逊五兄弟（The Jackson 5）的出众才华令我们在场的每个人都为之惊艳，而小迈克尔的表现则远超同龄人。他像詹姆斯·布朗和杰基·威尔逊那般歌唱舞蹈，又献唱了一曲斯莫基·罗宾逊的《谁在爱着你》（Who's Loving You）。令我难以置信的是，他将歌中的

---

① Jackie, Jermaine, Tito, Marlon.

悲情与激情演绎得如此淋漓尽致，仿佛他就是那个历经一生忧伤心碎的男人。斯莫基唱得已经够好了，但迈克尔居然比他唱得还好。我忍不住对斯莫基说："嘿，伙计，我觉得在这首歌的唱法上，他比你更胜一筹。"斯莫基说："我也这么觉得。"而当迈克尔和他的兄弟们在埃德·沙利文秀（*Ed Sullivan Show*）上演绎这首歌时，世界上的其他人也都这么觉得：迈克尔唱得更好。

我把杰克逊五兄弟带到加州，让他们成为高迪和摩城家族的一员。那是一段美好的时光：我们一边游泳、开玩笑、做游戏，一边排练。我组织了一个歌曲创作小组，我们一起创作了4张热门专辑：《我想你回来》（*I Want You Back*）、《ABC》《你拯救的爱》（*The Love You Save*）、《我将为你守候》（*I'll Be There*）。杰克逊五兄弟是有史以来第一个四首新歌全都名列榜首的组合。我们全都兴奋不已——尤其是迈克尔。我们突破了一个重大障碍，而对迈克尔来说，这将激励他去打破其余的纪录，而他也确实做到了。

我们还让迈克尔参演了《（新）绿野仙踪》（*The Wiz*），他跟黛安娜·罗斯同台演出，这部电影的制作人则是充满传奇色彩的昆西·琼斯。这次合作后来催生出了三张经典畅销专辑：《颤栗》（*Thriller*）、《疯狂》（*Off the Wall*）和《真棒》（*Bad*）。

杰克逊五兄弟自1983年起离开摩城，但在摩城成立25周年之际，他们又再次聚首，参加了电视特别节目《摩城25周年：昨天、今天、永远》。在他们劲爆酷炫的表演之后，迈克尔一个人接管了整个舞台，而流行音乐的历史进入了一个新的篇章。当《比莉·珍》（Bille Jean）的第一个节拍响起，当迈克尔将帽子掷出的那一刻，我就已经被他给彻底迷住了。而当他标志性的太空步出现的那一刻，我完全被他给震撼了。那是充满魔力的一刻，他漫步太空轨道之上，就此平步青云，永不坠落。

而这一切结束得太快了。迈克尔的一生如此美丽。尽管他的生命中也有悲伤的时刻，尽管他的某些决定也曾遭人质疑，但迈克尔·杰克逊实现了他所有的梦想。在他九岁的时候，他就决心要成为这个世界上最了不起的艺人，他为此努力，为此愿意做任何事，而他最终实现了真正的自我——成为了这个世界公认的"流行音乐之王"。

哪个孩子不愿为实现他的童年梦想而付出一切？迈克尔当然热爱这一切：他热爱舞台上的每一刻，他热爱排练时的每一分钟，他热爱创造过去从来没有人尝试过的东西，他热爱奉献——将他的一切奉献给音乐，奉献给他的粉丝。

我想说的是，无论在哪方面，迈克尔都是一个了不起的人。事实上，当我谈他谈得越多，我就越觉得"流行音乐之王"还不足以概括他的整个人。在我看来，他就是"迄今为止最了不起的艺人"。

——伯瑞·高迪

Berry·Gordy

摩城唱片公司创始人

于 2009 年

要怎么谈论迈克尔·杰克逊这个人呢？他是这个世界上最受欢迎的艺人之一。他写的歌充满创意，令人激动不已，他跳的舞如此前卫，仿佛违背重力，同时又继承了弗雷德·阿斯泰尔、吉恩·凯利等前辈的精华之处。

他为此付出的努力却是鲜为人知的。他永不停息，永不满足。他是一名完美主义者，总是不断地挑战自我。

很多人可能觉得迈克尔的个性难以捉摸，但与他共事过的人却知道根本不是这么回事。这位天才艺人情感细腻，待人热诚，谈吐风趣，富有见解。你将从迈克尔本人的自传《月球漫步》中窥得工作中的他究竟是怎么样一个人，以及他的所思所想。

——杰奎琳·肯尼迪·奥纳西斯
Jacqueline Kennedy Onassis

在我进行某项研发之前，我会通读前人在该领域进行过的所有研究报告与相关书籍——这就是图书馆中的藏书的意义所在。我查阅前人付出大量精力与财力所获得的研究成果，我收集前人留下的成千上万的实验数据，并以此为起点，我将再进行成千上万次的实验。想要获得任何一项有价值的成就，三个要素必不可少：第一，勤奋工作；第二，持之以恒；第三，具备常识。

——托马斯·爱迪生

当我的脑海中出现真正的音乐——犹如聆听到天籁之音一般，超乎人类想象的音乐——那些音乐并非我所创造，我的大脑只是一个传输通道。我唯一感到喜悦的是，如此美妙的音乐被传递到我的脑海中，而我可以将之传达出来，带给大家，就仿佛我是一个媒介，就仿佛我是为了这些时刻而生。

——约翰·列侬

月　　球　　漫　　步

第 一 章

只 是 一 个
有 梦 想 的 孩 子

直以来，我都希望自己会讲故事，希望能讲出我内心的故事。我希望自己能坐在炉火旁，向人们讲述我的故事，让他们的眼前出现栩栩如生的画面，让他们哈哈大笑或潸然泪下。我希望自己只用浅显易懂的文字，就能让人们动情地遨游在我的世界里。我希望自己讲述的故事能打动他人的心灵，甚至改变他人的人生。一直以来，我都希望拥有这样的能力。那些伟大的作家就拥有这样的力量，而我有时觉得自己也能做到。我希望发展自己的这种天赋。某种意义上，写歌和写作所使用的技巧是一样的，写歌也要创造出感情的高潮和低谷，只是歌中的故事只有粗略框架，高潮与低谷也是瞬息而至。很少有书教人们讲故事的技巧，像是如何去吸引听众，如何让他们聚集在一起听你讲故事，你又该如何去取悦他们。没有戏服，没有化妆，什么也没有，只有靠你和你的声音，靠你自己的力量，去带他们在故事的世界里翱翔，去改变他们的人生，哪怕只有仅仅数分钟的时间。

在开始讲述我自己的故事之前，我还是想要先照例重复一下那些话：当别人问起我职业生涯最早期跟杰克逊五兄弟（The Jackson 5）在一起的那些日子，我通常只能告诉他们，那时我实在太小了，根本不记得多少事。大多数人在踏上职业生涯之路时已经足够成熟，知道他们在做什么和为什么要做。而我的情况却完全不同。他们记得发生在自己身上的每件事，而我那时只有五岁，作为一个童星，我还没有成熟到可以理解周围所发生的那一大堆事。当大人们为我的生活作出决定时，我很可能根本就不在场。我只记得自己竭尽所能地唱，尽情撒欢地跳，勤奋努力得简直不像个孩子。当然，我不可能记得太多细节。但我确实记得很清楚，在杰克逊五兄弟走红时，我只有八九岁。

1958年夏末的一个夜晚，我出生在印第安纳州的加里市。我的父母共有九个孩子，我是他们的第七个孩子。我的父亲名叫乔·杰克逊，他出生在阿肯色州；母亲名叫凯瑟琳·斯库瑟，来自亚拉巴马州。他们在1949年结婚，第二年，我的大姐莫琳就出生了，她不得不担负起作为长女的重任，因为接下来，杰基、蒂托、杰梅因、拉托娅、马龙一个接一个地出生，在我之后，我的父母又生了兰迪和珍妮。

这么大的时候，我就已经投身歌舞演艺事业了。

　　在我儿时的记忆中，父亲在炼钢厂工作，日子过得辛苦又乏味，父亲便靠音乐来逃避现实。那时我的母亲在一家百货公司上班，她也发自内心地喜欢音乐。由于父母对音乐的热爱，那段时间家中总是歌声不绝。父亲和他的兄弟组建了一支名叫"猎鹰"（Falcons）的R&B（节奏布鲁斯）乐队，他俩都是吉他手。他们会演奏经典摇滚和蓝调歌曲，像是查克·贝里[①]，小理查德[②]以及奥蒂斯·雷丁[③]等人的作品，诸如此类。这些作品的风格在不知不觉之中影响了乔和我们，尽管那时我们还太小，根本就意识不到这一点。那时我们住在加里市，猎鹰乐队就在我们家的客厅里排练，所以我是从小听着R&B长大的。我的父亲有九个孩子，他的兄弟有八个，加起来就是一大家子人，音乐就是我们的日常消遣，它是把我们一家人紧密联系在一起的纽带，也使得我父亲成了一个居家好男人。"杰克逊五兄弟"就是在这样的家族传统中诞生的，后来我们改名叫"杰克逊家族"。也正是因为这样的家族传统和音乐熏陶，我在单飞之后才能建立自己的音乐风格。

　　回想起童年时代，我大多数时候都在工作。当然，我热爱

①　查克·贝里（Chuck Berry，1926.10.18—2017.3.18）：美国黑人音乐家、歌手、作曲家、吉他演奏家。

②　小理查德（Little Richard，1935.12.5—2020.5.9）：摇滚乐奠基人之一，在整个1950年代引起轰动，对后世音乐家产生了巨大的影响。

③　奥蒂斯·雷丁（Otis Redding，1941.9.9—1967.12.10）：美国知名灵魂乐歌手。

音乐。我不像是朱迪·加兰^①那样被狠心的父母逼着从事这个行当的，我把音乐作为工作，是因为我乐在其中，唱歌对我来说就像呼吸一样自然。当然你也可以说我是被迫把音乐当成工作的，但强迫我的人不是我的父母或家族，而是我自己，是我内心深处对音乐的热爱，强迫我把音乐当成工作来严肃对待。

不过，我得说清楚，我也曾不止一次地渴望拥有一个正常的童年。那时我放学回家，一放下书包就得往录音棚赶。我记得很清楚，有一次我一直唱到半夜才收工，比我平时上床睡觉的时间都要晚得多。我还记得，摩城工作室的对面就是一座公园，我眺望着其他孩子在公园里无忧无虑、自由自在地玩耍，那是我根本无法想象的自由，也是我无比渴望的自由，那时我真的很想直接走出去加入他们。所以，我的童年就跟任何童星一样，总有悲伤的缺憾。伊丽莎白·泰勒^②也跟我说过，她也有过跟我同样的感受。当你那么小就不得不辛苦工作，你就会觉得这个世界很不公平。没人逼我成为"主唱小迈克尔"，我干这行是因为我自己喜欢，但这行本身就是这么辛苦。尤其是当我们要录专辑的时候，我一放学就得到录音棚去报到，有时为了赶时间，我甚至连口点心都吃不上，饿着肚子就得开始录

---

① 　朱迪·加兰（Judy Garland，1922.6.10—1969.6.22）：童星出身的美国女演员及歌唱家。
② 　伊丽莎白·泰勒（Elizabeth Taylor，1932.2.27—2011.3.23）：出生于英国伦敦，美国女演员。泰勒九岁主演第一部电影，一生获奖无数。

我的父亲和母亲。

音。等我回到家，往往又累又饿，而且通常都已经十一二点，早就过了我上床睡觉的时间了。

　　也正因为如此，我很容易跟那些和我一样从小就从事这行的人形成共鸣。我了解他们吃过的苦头，我了解他们付出的代价，我也了解他们是什么感受。我知道干这行年纪越大挑战就越大。有时候我会莫名觉得自己已经老了，我在这行已经混了那么多年，已经是个见多识广、经验丰富的老人了，这让我很难接受自己才二十九岁。毕竟我从事这行已经二十四年了。有时我甚至会觉得自己是个行将就木的八十老朽，需要有人来帮我捶背了。这就是年少成名的代价。

　　我最早跟我的兄弟们同台演出时，我们被称为"杰克逊家族"，后来更名为"杰克逊五兄弟"。在离开摩城之后，我们又改回了"杰克逊家族"这个名字。

　　自从我们接手自己的事业，开始自己制作音乐，不管是我个人还是我们组合的每一张专辑，都是献给我们的母亲凯瑟琳·杰克逊的。我一生中最初的记忆便是母亲将我抱在怀中，嘴里哼唱着《你是我的阳光》（You Are My Sunshine）和《棉花田》（Cotton Fields）之类的歌曲。她经常唱歌给我们兄弟姐妹听。她在印第安纳州住过一阵子，不过她成长于亚拉巴马州，那里的黑人都是从小听着乡村民谣和西部音乐长大的，这就跟他们从小去教堂听圣歌一样。我的母亲至今还是很喜欢威利·尼

尔森 ①，她的歌喉至今仍然优美。我猜想我唱歌的天赋是来自于母亲，当然还有上帝。

母亲会吹单簧管、弹钢琴，她把这些技艺传授给了我的大姐莫琳（我们叫她瑞比［Rebbie］）和我的另外一个姐姐拉托亚。我的母亲在她很小的时候就知道，她永远也不可能登上舞台，当众表演她热爱的音乐。这不是因为她缺乏才华或能力，而是因为她小时候得了小儿麻痹症。尽管她后来治好了病，走路还是一瘸一拐。因为这个毛病，她有很长一段时间不能去上学。但母亲告诉我们，她觉得自己很幸运，有那么多得这个病的人都死了，她却痊愈了。我还记得她特别重视让我们服用预防小儿麻痹症的方糖疫苗，有次她为了叫我们吃药，甚至不惜让我们错过了周六下午在青年俱乐部的演出——由此可见这件事在我家的重要程度。

母亲没有把她的病视为诅咒，而是看作上帝对她的考验，是上帝要她去战胜的挑战。她也在我的心中注入了对上帝的爱，这种爱将伴随我的一生。她告诉我，我唱歌跳舞的天赋就像美丽的日落、带来积雪的暴风和可供孩子们尽情玩耍的雪地一样，都是上帝的杰作。尽管我们不是在巡演就是在排练，但母亲还是照样能找到时间带我去教会的王国大厅，通常她还会带上瑞比和拉托亚。

---

① 威利·尼尔森（Willie Nelson，1933.4.30—）：美国乡村摇滚运动领头人、歌手、吉他演奏家、歌曲创作家。

　　数年之后，那时我们已经离开了加里市。我们上了《埃德·沙利文秀》。这是一个周日晚上的直播综艺节目，美国人就是通过这个节目才第一次见到了"披头士""猫王"和"斯莱和斯通一家"乐队。在节目录制结束后，沙利文先生赞美和表扬了我们每一个人，但我的脑子里还在想着他在节目开始前对我说的那番话。那时我正在后台瞎逛，就像百事可乐广告里的那个小孩一样，正好撞见了沙利文先生。他高高兴兴地跟我握手，但在松开我的手之前，他又特意叮嘱了我一番话。那是1970 年，几位摇滚界的大牌明星便是由于吸毒和酗酒在那一年陨落的。沙利文先生作为娱乐圈中一名睿智的长辈，对他们的英年早逝甚为惋惜。或许是因为有人说过我很像弗兰基·莱蒙 [1]——这位 1950 年代的年轻歌手也是早早死于毒品和酒精，所以沙利文先生就上了心，才特意嘱咐我说："永远不要忘记你的天赋来自哪里，那是上帝赐予你的礼物。"

　　我很感激沙利文先生的这番好意，但我原本可以告诉他，我的母亲从未让我忘记这一点。我没有得过小儿麻痹症——对一个舞者来说，光是想到这个病就会不寒而栗。但上帝也用其他方式考验了我和我的兄弟姐妹们：我们一大家子人挤在一栋很小的房子里，收入寒酸，经常入不敷出，我们在家排练时，还有嫉妒我们的小孩用石头砸玻璃，大喊着"你们永远也不会

13

① 　弗兰基·莱蒙（Frankie Lymon，1942.9.30—1968.1.27）：美国摇滚、R&B 歌手兼词曲作者。

成功"。每当我想起我的母亲，想起我们的早年生活经历时，我都想说，有些回报远比金钱和名利更可贵。

我的母亲很伟大，她全心全意为我们付出。如果我们当中有谁对某样事物产生了兴趣，母亲总是会鼓励我们，提供她力所能及的一切帮助。比如说，我有一阵子对电影明星很感兴趣，母亲知道之后，就搜集了一大堆关于著名影星的书籍带回家给我看。尽管她有九个孩子，但她对所有孩子一视同仁，让我们每个孩子得到的爱都跟别人家的独生子女一样多。我们永远不会忘记，母亲是如何为了我们辛勤劳作，付出一切。过去，孩子们总是认为自己的母亲是全世界最伟大的，而时至今日，我们杰克逊兄弟仍然这么认为。我的母亲凯瑟琳给予我的柔情、关爱始终伴我成长，这令我无法想象，一个没有母爱的孩子要如何度过成长期？

我只知道，如果一个孩子没有从父母那里得到足够的爱，他就会转向其他人寻求缺失的爱，并且会特别依赖那个人，比如祖父母之类的任何人。有母亲在，我们根本不需要再向外界寻求爱。母亲的教诲是我们一生的无价之宝。为人善良，保持爱心，为他人着想——这是母亲教诲中的重中之重；不要伤害他人，不要卑躬屈膝，不要不劳而获——有谁打破母亲的这三条规矩在我家里就是犯了大错。她总是要求我们奉献，从不希望我们索取，更不希望我们卑躬屈膝地乞求他人。这就是我母亲的为人之道。

我的母亲和珍妮，摄于印第安纳州。

　　记得有件事，可以很好地反映我母亲的为人：那时我还很小，我们一家住在加里市。某天一大清早，有个男人在挨家挨户地敲门求助。他浑身是血，血迹从他敲过的一扇扇门前一路蜿蜒，没人胆敢开门让他进去。最后，他来到我家门前，用力敲打着门。母亲立刻就让他进来了。别人也许会胆小怕事，不敢让他进门，母亲却一点也不怕。我仍然记得那天早晨，起床后看到家里地板上全是血迹的情景。我真希望我们每一个人都能更像我的母亲。

　　至于我的父亲，我对他的最初记忆是有一天他从铁矿厂下班，带回一大包油炸甜甜圈。那时我跟我的兄弟姐妹们都很能吃，那一大包甜甜圈一眨眼的工夫就被我们给吃得干干净净。父亲还曾经带着我们一大家子去公园坐旋转木马，不过那时我还太小，记不清什么细节了。

　　父亲对我来说一直很神秘，对于这一点他自己也心知肚明。我跟父亲从来没有真正亲近过。这是为数不多的让我感到遗憾的事情之一。长年以来，父亲的周围就像是有一层无形的壳，把他跟我们隔开：要是不谈家族生意，他就跟我们无话可说；要是我们一家都聚在屋里，他就会默默退到屋外。时至今日，我想跟他像父子一样聊聊天还是很困难，他会感到很不自在，而看到他那么不自在，我也会不由自主地不自在起来。

　　尽管如此，父亲一直都在保护我们，这是很不容易做到的。

他一直都要确保我们不会被糊弄欺骗，要确保我们的利益得到最佳保障。这一路走来，他或许也犯过错、吃过亏，但他一直认为自己所做的一切都是对家族有利的。而事实上，他帮我们完成的大多数事都是无与伦比的，尤其是在处理我们跟公司以及圈内人士的关系方面，父亲做得极好。我得说，我们是为数不多的幸运儿，我们打小进入娱乐圈，积累下了金钱、房产和其他各种投资收益。这都要归功于父亲。他不仅确保了自己的利益，也确保了我们的。时至今日，我仍然要感激父亲，他没有像多数童星的父母那样，把孩子的钱财全都据为己有——想想看，居然有父母偷自己孩子的钱！我的父亲从来没有做过这种事，但我仍然不了解他究竟是个怎样的人。对于一个渴望了解自己父亲的儿子来说，这真是件伤心事。在我心里，父亲至今仍是个神秘的男人，也许一直都是。

17

　　我从父亲那里得到的并非全都是上帝的教诲。尽管《圣经》中也有"种瓜得瓜种豆得豆"的教诲，但父亲却用他自己的方式同样清晰明了地告诉我们："就算你才华绝世，若你不做好准备和计划，最后照样一事无成。"

　　我的父亲乔·杰克逊跟我的母亲一样热爱唱歌、热爱音乐，但他更向往外面的世界。我那时还太小，不太记得他的"猎鹰"乐队究竟表现如何，但我记得乐队会在周末来我家排练。音乐让他们忘记自己在铁矿厂的繁重工作，我的父亲在厂里只是个开起重机的工人。"猎鹰"乐队不仅在城里演出，还去过印第安纳州北部，去过芝加哥的大学和俱乐部演出。在我家里排练的时候，父亲会小心翼翼地从柜子中捧出吉他，拿出他珍藏在地窖里的扩音器，插上电。所有人员各就各位，音乐响起。父亲最爱R&B，这把吉他就是他的骄傲与欢乐之源。存放吉他的柜子就像是家中的圣地，不用说，我们这些孩子根本连碰都不许碰。尽管父亲不跟我们去王国大厅聆听上帝的教诲，但他和母亲都很清楚，音乐是把我们一家人紧紧拴在一块儿的纽带——尤其是在我们这种街区，跟我们兄弟差不多大的孩子都已经开始加入街头帮派了。当"猎鹰"乐队来我家时，我的三个大哥哥总会想尽办法留在家里看他们排练。父亲故意让他们觉得自己可以留下来看乐队排练是一种殊荣，但实际上，父亲巴不得哥哥们留在家里。

　　蒂托对乐队很感兴趣，他原本在学校里学吹萨克斯，不过他觉得自己手够大，已经足以握住吉他，弹奏父亲表演过的那些乐段了。我们也都觉得既然蒂托长得最像父亲，想必他也继承了父亲弹奏吉他的天赋——顺便一提，他跟父亲真的是越长越像。父亲大概也察觉到了蒂托对吉他的热情，因此特地对我们所有人立下规矩：他不在家时，谁也不准碰他的吉他。

　　于是，杰基、蒂托和杰梅因就留心着母亲的一举一动，专门趁她在厨房忙乎的时候去"借吉他"。他们小心翼翼地搬动吉他，生怕发出半点声响，然后躲进自己的房间里，打开收音机或手提电唱机作为掩护。蒂托把吉他架在肚子上，坐在床前，摆好姿势，他和杰基、杰梅因会轮流弹奏，他们不仅尝试在吉他上弹奏学校里学过的曲子，还琢磨怎么弹奏收音机里听到的曲子，像是《绿洋葱》（Green Onions）之类的。

　　那时，以我的年龄已经够格溜进他们的房间了，而且只要我不说出去，他们就允许我留在房间里。后来有一天，母亲终于逮到了他们在弹吉他。我们全都担心极了，母亲把我们大骂一顿，不过她答应，只要我们小心不要弄坏吉他，她就不会向父亲告发我们。她知道吉他能让我们老实待在家里，不去跟外面混帮派的孩子鬼混打架，她是绝对不会把这件能让孩子们待在她安全的庇护之下的玩意儿给收走的。

　　当然，该发生的总会发生，有一天，吉他的一根弦断了。哥哥们顿时惊慌失措。我们肯定来不及在父亲回家之前找人把弦修好，何况我们也根本不知道去哪里找人修吉他。哥哥们无计可施，最后只能把吉他放回柜子里，一心指望父亲会以为这弦是自己断掉的。父亲当然不买账，他暴跳如雷。姐姐们让我躲到一边去别出声，以免惹火上身。可我听到蒂托的哭声，还是忍不住要去一探究竟。我溜进房间，发现蒂托正趴在床上大哭，这时父亲再次走进房间，挥手让他起来。蒂托吓得魂不附体，但父亲只是站在那儿，手里拿着他心爱的吉他，严厉地盯着他，说："给我看看你会弹些啥。"

　　哥哥努力定下神来，战战兢兢地弹了几首他自学成才的曲

19

子。父亲见蒂托弹得有模有样，就知道他平时没少练习，他也明白过来了，我们偷他的吉他不是拿来当玩具瞎玩的，把弦搞断也不是故意的。母亲也趁机告诉父亲，我们这些孩子是真心喜欢音乐。她坚持不断地告诉他，我们有音乐天赋，他真该好好听听自家孩子的演奏。父亲拗不过母亲，有那么一天，他终于肯认真听一听自家孩子的表演了，结果他还挺喜欢的。打那时起，杰基、蒂托和杰梅因就开始正儿八经的排练。在我五岁那年，母亲告诉父亲，我歌唱得不错，还会打小手鼓，于是父亲也让我成为了乐队的一员。

　　大概也就是从那时起，父亲开始把我们当回事了。他减少了跟"猎鹰"乐队一起排练的时间，把更多时间花在我们身上。我们在私下练习时，他会教我们该怎么做，还会教我们吉他的演奏技巧。马龙和我还太小，摸不着吉他，大孩子练习时，我们就在一旁边看边学。父亲不在家就不准使用吉他的禁令并没有解除，不过哥哥们还是想尽一切办法使用吉他，杰克逊一家总是乐声不断。瑞比和杰基很小的时候，父母就花钱让他们上音乐课，他们本身就有基础，我们其余人在加里市的学校里也上音乐课、参加乐队，但这些基本的练习已经无法让我们满足了。

　　那时"猎鹰"乐队还在靠演出赚钱，但他们外出表演的频率不再那么频繁。这些额外收入对我们来说很重要，尽管对于一家子嗷嗷待哺的小孩来说，那么点钱也只够维持生计，无法满足额外的需求。我记得那时母亲在希尔斯商场打零工，父亲还要在钢铁厂上班，虽然不至于到挨饿的地步，但现在回想起来，那时的生活应该很窘迫。

有一天，父亲迟迟没有回家，母亲担心坏了。等父亲终于到家时，母亲已经准备好了要大大数落他一番。我们这些小孩当然喜闻乐见，想看看平时一直板起脸来教训我们的父亲被母亲教训的样子。但父亲却胸有成竹，只见他从门缝后探出头来，脸上居然还挂着恶作剧的笑容，好像背后还藏着什么东西。等到父亲终于亮出那把闪闪发亮的红色吉他，我们真是又惊又喜。新吉他要比父亲珍藏在柜子里的那把旧吉他略小一些。我们原本以为父亲有了新吉他，我们就能用那把旧吉他了。结果父亲说，新吉他就是给蒂托买的。我们全都围在一起，膜拜着蒂托的新吉他。父亲告诉蒂托，吉他虽然归他，但家里其他孩子需要练习时，他也必须跟大家分享。当然，我们也不准把新吉他带去学校炫耀。这是一件意义重大的礼物，而那一天对我们杰克逊家族来说，也是意义重大的。

母亲为我们高兴，不过她也知道自己丈夫是个什么样的人。母亲比我们更清楚父亲的野心，以及他对我们未来的计划。在我们睡着之后，父亲会跟母亲商量。他的梦想可不止于一把吉他。很快，我们就有了更多的乐器，而它们不再仅仅是礼物：杰梅因得到了一把贝斯和一把电吉他，杰基收到了手鼓……逐渐地，我们的卧室和客厅看起来就像个乐器行。有时我会听到父母为了钱而争执，因为要花钱购买乐器和配件，就意味着我们不得不放弃一部分的每周生活必需品。父亲在这方面很有说服力，他告诉母亲，机不可失。

我们家里甚至连麦克风都有。这在那时可以算是奢侈品了，尤其是对母亲这样口袋里没几个钱，日子过得紧巴巴的家庭主妇来说，麦克风显然太过奢侈了。我也是后来才意识到，父亲买麦克风，不仅仅是为了让我们可以在跟业余乐队的较量当中脱颖而出，也是在为我们将来登台亮相做准备。我见过不少参加才艺秀节目的人，他们或许在家里可以唱得很好，但一站在麦克风前就紧张得开不了口；另一些人则容易在台上唱得声嘶力竭，好像要竭力证明他们不需要麦克风。他们显然没有我们的优势——经验带来的优势。有些人会因此嫉妒我们，他们会告诉评委，我们发挥得好都是因为麦克风。即便如此，我们在其他方面也做出了很多牺牲——课余时间、学校作业，还有朋友。没有什么可以嫉妒的。我们的表现是很出色，但我们付出的是年长于我们两倍的人还要艰辛的努力。

我观看哥哥们的演出，马龙在其中打手鼓。父亲还找来两个名叫约翰尼·杰克逊和兰迪·兰斯弗莱的年轻人，一个打架子鼓，一个拉手风琴。摩城在后来的宣传中声称他俩是我家表亲，但实际上他们跟我们没有亲戚关系，这只是宣传手段罢了，目的是为了让我们看起来像个大家庭。无论如何，我们已经是一个真正的乐队了！我就像块海绵，如饥似渴地看着每个人的

在这张早期宣传图中，约翰尼·杰克逊正在敲架子鼓。

表演，企图学习、吸收我所看到的一切。当我的哥哥们在购物中心或慈善活动中演出时，我就全神贯注地看。我尤其着迷于杰梅因的表演，因为他那时是主唱，而且是大哥——马龙年纪跟我太接近，我对他就没有这种崇拜感。杰梅因会送我去幼儿园，我穿的衣服也都是他穿过的。我总是试图模仿杰梅因的一举一动，要是我学得像，父亲跟哥哥们就会被逗得哈哈大笑，但当我开始模仿杰梅因唱歌，他们都会认真听。那时我还是童声，只会模仿发音，我的年纪还太小，根本不知道很多单词是什么意思，但我唱得越多，也就唱得越好。

　　我一直都知道怎么跳舞。我会观察马龙的舞步，因为杰梅因身上有贝斯，他的动作不好模仿，马龙跟我只差一岁，我更容易跟上他的动作。很快，我在家里变成了主唱，开始为加入哥哥们并一起登台演出做准备。在排练的过程中，我们意识到各自的长处和短处，也就自然而然地调整了各自在乐队中的角色任务。

　　我们在加里市的家其实很小，总共只有三个房间，但小时候的我却觉得家里很大。也许当你还是一个小孩子的时候，整个世界对你来说都巨大无比，就连一个小小的房间在你眼中也会扩大数倍吧。多年之后，我们重回加里市的家，都很吃惊这屋子怎么会那么小，明明在我们记忆中，家是那么的大。可实际上，从我家前门走到后门，一共只需要五步，并不比一个车库大多少。但当我们还是孩子的时候，我们却觉得自己的家宽

取得成功后荣返我们在加里市的小房子，受到热烈欢迎。

敞又舒适。由此可见，小孩子跟成年人看待世界的方式是有很大不同的。

在加里市上学的记忆对我来说已经模糊不清，只依稀记得我第一天去幼儿园，被独自扔在校门口，那时我的心里真是恨死学校了。因为我根本不想跟母亲分开，所以我不想上学也是理所当然的。

就跟所有的孩子一样，我很快适应了学校的生活。我很喜欢学校里的老师，尤其是女老师。她们对我们很好，而且特别喜欢我。当我要升年级的时候，她们还搂着我哭了，说她们很不舍得我离开她们的班级。我也疯狂地喜欢她们，甚至偷偷拿母亲的珠宝送给她们作为礼物。她们全都感动坏了，然后告诉了母亲，让她阻止了我的这番心意。不过，我这种不送礼物就不足以回报她们对我的喜爱的冲动，也足以证明我有多爱老师和学校了。

在读一年级的某一天，我要参加一个全校性的演出活动，每个班都要出一个节目。我回家跟父母商量了一番，决定穿白衬衫和黑裤子，演唱《音乐之声》中的插曲《攀上每座高山》（Climb Every Mountain）。当我唱完之后，整个学校礼堂都轰动了，观众席上掌声如雷，每个人都在向我点头微笑，我的老师还激动得哭了，我简直难以置信，自己居然能给那么多人带来欢乐，这种感觉实在是太棒了。当然，我也难免有些茫然，因为在我看来，我也没做什么特别的事，感觉自己在台上唱得跟每天晚

First Place Winners Of The Talent Search

THE JACKSON FIVE..... Youthful musical aggregation who were First Place winners of the Annual Talent Search held last Sunday at Gilroy Stadium. The well attended and entertaining affair was Emceed by WWCA's popular Disc Jockey, Jesse Coopwood, who is well known for keeping the public entertained with his capers via the mike. Cherry, assisting Coopwood with the group of "Winners" is shown left in the photo. Proceeds from the affair will go toward a scholarship fund.

在早年参加的一场才艺秀中，我们获得了大奖。

在放学后进行排练。

上在家里唱得没啥区别。当你登台表演时，你无法知道自己唱得到底怎样，更无法知道台下的反响会怎样。你只能张开嘴唱。

很快，父亲开始训练我们参加才艺选秀节目。他是个好教练，而且在我们身上花了很多时间和金钱。上帝赐予我们天赋，而父亲则教会我们如何培养天赋。我们仿佛天生属于演艺圈，我们热爱表演，全力以赴。父亲每天就坐在家里，训练我们进行排练。我们对他进行表演，他对我们进行指正。如果我们表现出错就要挨揍，有时是被皮带抽，有时还要挨鞭子。父亲对我们真的、真的非常严厉。在排练过程中，马龙是挨揍最多的那一个，而我大多数情况下则是因为排练之外的事挨揍。我被揍得又疼又气，忍不住想要反抗，结果被揍得更惨。我会脱下一只鞋向父亲扔去，或者干脆用拳头跟他对打。导致的结果就是，我挨的揍比我的哥哥们加起来的更多。我老是想反抗，气得父亲恨不得杀了我，把我撕成碎片。母亲说我很小的时候就会反抗，当然我自己是不记得了。我只记得自己钻到桌子底下，想躲过父亲的拳头。我跟父亲的关系就是这么一团糟。

当然，大多数时候，我们都在好好地排练。实际上，我们总在排练。只有到夜深人静的时候，我们才能玩一会儿游戏或玩具，通常也就是捉迷藏或者跳绳之类的。我们的大部分时间都花在了工作上。我记得很清楚，只要父亲一回家，我们兄弟几个就会赶紧跑进屋子。要是被父亲发现我们还没准备好准时开始排练，我们就要有大麻烦了。

在这个过程当中，母亲一直在全力支持我们。她是第一个发现我们才华的人，并且一直都在帮助我们挖掘自己的潜力。如果没有她的爱，没有她的好脾气在背后支撑着我们，我很难想象我们会是什么样子。她总是担心我们排练的时间太长，压力太大，不过我们本身也想全力以赴，做到最好，何况我们是真的热爱音乐。

音乐对于加里市来说非常重要。加里市有自己的电台节目、夜总会，而且永远不会缺少乐队和观众。在周六的排练结束后，父亲会去看看当地的演出，有时甚至会一路开车去芝加哥看演出。他始终留意对我们下一步发展有用的东西。等他回到家之后，会告诉我们他看到了什么，谁表演了什么节目。他要随时随地掌握最新资讯，比如当地剧院要举办什么才艺选秀活动是我们可以报名参加的，或者"群星汇"（Cavalcade of Stars）上有啥精彩演出的服装或是动作是我们可以采用模仿的。有时直到周日从王国大厅回来，我才会见到父亲，但只要我踏进家门，他就会滔滔不绝地告诉我他周六晚上看了哪些演出。比如他会跟我说，我可以尝试像詹姆斯·布朗[①]那样用一条腿跳舞。于

①　詹姆斯·布朗（James Brown，1933.5.3—2006.12.25）：美国黑人歌手，被誉为美国灵魂乐教父（Godfather of Soul），说唱、嘻哈和迪斯科等音乐类型的奠基人。

是我刚出教堂，就要立刻投身到演艺事业中。

我六岁时，我们开始大量得奖。我们的队形固定了下来，我站在左边第二个，面对观众的方向，杰梅因在我旁边活动，杰基则在我的右边。蒂托和他的吉他在舞台右侧，马龙在他的旁边。杰基正在发育，他站在我和马龙的中间就像座塔。我们以这个阵容参加了一场又一场才艺比赛，反响还不错。其他乐队会因为内部不和而最终退出比赛，我们却磨合得越来越好，也变得越来越有经验。在加里市，经常看才艺比赛的人们都已经认识我们了，所以我们更要争取第一，而且要让他们次次都有惊喜。我们可不想让观众对我们审美疲劳，所以有改变总是好的，何况改变也能帮助我们成长，我们从不畏惧改变。

要赢下业余夜间秀或才艺秀，在十分钟内表演两首歌其实一点也不比准备一场九十分钟的演唱会来得轻松。因为你一点儿错误也不能犯，你在这一两首歌的表演中必须全神贯注，你必须全力以赴，这跟你有十五到二十首歌要表演完全不同，那种情况下你会有更充裕的时间来展示自己，不必那么神经紧绷。这些才艺秀对我们来说就是职业训练。有时我们需要开车到几百公里以外的地方表演那一两首歌，而当地的观众很可能对我们抱有抵触心理，因为我们不是他们本地的才艺达人。我们要跟各种不同年龄、不同领域的才艺达人展开竞争，对手包括从训练有素的专业乐队到喜剧演员各色人等。我们必须要抓住观众，留住观众，一切都不能马虎。我们的衣服、鞋子、发型都必须严格遵从父亲的安排指示，一点也不能出岔子，而这让我们看起来惊人的专业。把控好这些细节之后，只要我们在台上的表现达到排练时的水准，观众就会自然而然地被我们给迷住。这招屡试不爽，即使我们在人生地不熟的华莱士高中表演时，演出效果也很好。那里的本地表演者都有自己的粉丝团，而我们就在他们的地盘上向他们发起挑战，这显然难度很大。因此我们的表现更要尽善尽美，要让观众一眼就看出我们才是最好的。当主持人把手伸过我们的头顶，指向掌声测试仪时，我们想确保自己得到全场观众分贝最高的掌声。

　　作为表演者，杰梅因、蒂托，以及其他成员全都背负着很大的压力。经理会不断提醒我们，"著名的火焰"乐队（The Famous Flames）要是唱漏一句词或弹错一个音，会被詹姆斯·布朗如何严加惩罚。作为主唱，我比其他人更不能忍受错过登台表演的机会。记得有一次，我因为生病，整个白天都躺在床上爬不起来，但到了晚上，我照样登台表演。一个人在生病时很难集中注意力，但我的表现依旧出色，因为我对于自己在台上要做什么，以及哥哥们在台上要做什么都已经烂熟于心了，哪怕我在睡梦之中都能照做不误。不过，我还是会时常提醒自己，不要在观众中寻找自己认识的熟人，也不要去看主持人在干吗，这很容易让小孩子注意力分散。我们唱的歌大多都是电台播放的流行金曲，要不就是父亲那个年代的经典老歌。人们对这些歌曲再熟悉不过了，哪怕你只唱错一个音，都逃不

31

过观众的耳朵，因此我们绝对不容犯错。如果我们要对歌曲进行改编创新，那也得保证我们的版本听起来比原版更好才行。

在我八岁时，我们凭借改编自"诱惑"乐队（The Temptations）的一曲《我的女孩》（My Girl）拿下了全市才艺秀的冠军。才艺秀的舞台就在与我们相隔几个街区的罗斯福高中。杰梅因的贝斯音符飘扬，拉开演出的序幕，蒂托的吉他旋律响起，引出我们五人的和声演唱。歌声令观众都不由自主地站了起来，他们就这样站着听完了整首歌。杰梅因和我轮流献唱，马龙和杰基飞旋起舞。当我们最终拿到冠军奖杯时，那感觉实在是太棒了。这是当时我们拿到的最有分量的一个奖杯，我们来来回回地传看、欣赏着它，开车回家的路上，我们把它当成小宝贝一样安放在车前座上。父亲边开车边对我们说："就冲着你们今晚的表现，这奖杯他们不想给也得给。"

征服了加里市之后，芝加哥成为了我们的下一个目标。那里不仅有稳定的工作来源，一旦在芝加哥站稳脚跟，你就有可能扬名千里之外。我们开始认真研究制胜策略。父亲的乐队表演过芝加哥的马迪·沃特斯[①]和"嚎叫野狼"[②]的歌曲，但是他的思维并没有局限于此，他清楚地意识到，对于我们这样的儿

---

① 　马迪·沃特斯（Muddy Waters，1913.4.4—1983.4.30）：美国蓝调歌手，被誉为"现代芝加哥蓝调之父"。

② 　嚎叫野狼（Howlin' Wolf，1910.6.10—1976.1.10）：本名 Chester Arthur Burnett，美国蓝调爵士的重量级人物，早期布鲁斯大师。

童组合来说，表演节奏更加明快活泼、更加时髦的歌曲才会给我们带来优势。我们其实很幸运，因为不是每个父亲的同龄人都会像他这样紧跟时代的步伐。我知道有些音乐人就会觉得20世纪60年代的流行歌曲对他们来说太小儿科了，但父亲不这么想。他能辨别得出什么才是好歌。他那时就会听"猎狐"乐队（The Spaniels）的歌，这是一支优秀的嘟·喔普①乐队跟我们一样来自加里市，成名时比我们大不了多少。当"奇迹"乐队（The Miracles）的斯莫基·罗宾逊②演唱《泪痕》（Tracks of My Tears）或《哦，宝贝宝贝儿》（Ooo, Baby Baby）的时候，父亲跟我们一样听得全神贯注。

20世纪60年代，芝加哥在音乐方面也紧跟潮流。像是柯蒂斯·梅菲尔德③、杰瑞·巴特勒④、梅杰·兰斯⑤和泰伦·戴维斯⑥等著名歌手组成的"印象"乐队（The Impressions）也在

33

---

① 嘟·喔普（Doo-wop）是一种音乐形式，于1940年代起源于纽约、费城、芝加哥等美国大城市的非裔美国人社区，于1900年代和1960年代初期形成主流风格。是当时最主流、最流行化的R&B风格。

② 斯莫基·罗宾逊（Smokey Robison，1940.2.19—），美国当代最有表现力和影响力的歌手之一，同时也是一位出色的音乐制作人。

③ 柯蒂斯·梅菲尔德（Curtis Mayfield，1942.6.3—1999.12.26）：美国创作歌手、吉他手、唱片制作人。

④ 杰瑞·巴特勒（Jerry Bulter, Jr.，1939.12.8—）：美国灵魂乐创作歌手、制作人、音乐家、退休政治人物。

⑤ 梅杰·兰斯（Major Lance，1939.4.4—1994.9.3）：美国R&B歌手。

⑥ 泰伦·戴维斯（Tyrone Davis，1938.5.4—2005.2.9）：美国蓝调、灵魂歌手。

芝加哥巡演，而且他们的演出地点跟我们在芝加哥的演出地点是一样的。那时父亲已经专职做我们的经纪人，炼钢厂的工作反倒变成了兼职。母亲对父亲的这个决定颇有疑虑，倒不是说她觉得我们不够优秀，而是在那个时候，还没有谁一门心思要把自家孩子推入音乐圈发展。就算父亲告诉她，他已经帮我们争取到了在"幸运先生"俱乐部的常规驻场演出工作，她也照样不为所动。那时我们周末必须在芝加哥各地过夜，以便参加更多比赛，赢得更多荣誉，这导致我们每个周末都支出一大笔旅费，有了"幸运先生"俱乐部的驻场工作，我们才能负担这笔费用。母亲一边为我们取得的成绩、拿到的奖杯和获得的关注而惊喜不已，一边也为我们而担心不已。"孩子才九岁就要活得那么辛苦！"她总是谴责地盯着父亲发出这样的感慨。

　　我不知道我跟哥哥们应该期待过怎样的生活，不过在夜总会面对的观众跟罗斯福高中演出厅的观众可大不一样。我们的表演混在一堆低俗喜剧演员、鸡尾酒风琴手和脱衣舞女之间。我越是见多识广，母亲就越是担心我会不会跟坏人混在一起，知道了太多小孩子不该知道的事。其实她的担心是多余的，多看一眼脱衣舞娘不会给我带来什么坏处，毕竟我那时才九岁！当然，这种生活对小孩子来说肯定是够糟的，俱乐部的工作经历让我们更加坚定了要摆脱这种生活，力争上游的决心。

　　在"幸运先生"俱乐部的工作也是我们职业生涯中的第一次完整演出经历。我们每晚表演五场，每周表演六晚——如果第七个晚上父亲能在别的地方给我们安排其他表演的话，他一定会这样做的。我们表演得很卖力，俱乐部的观众对我们也不错。他们跟我们一样也喜欢詹姆斯·布朗、"山姆和戴夫"的音乐风格，我们的表演既能给他们助兴，又不像酒精一样要收钱。而且我们还有一手逗乐的绝活：表演《纤纤细腿妙曼身》（Skinny Legs and All）这首歌，我会在唱到中间部分的时候跑到台下去，爬到桌子底下，作势掀起女士们的裙子看她们的纤纤细腿，人们会在我爬过时向我扔钱，这时我就站起来踢踏起舞，顺便把地上的钱全都捡起来揣进外套里。

就算我们刚开始在"幸运先生"表演的那阵子，我也不怎么觉得紧张。我已经参加过很多才艺秀，算得上是舞台经验丰富，很知道怎么跟观众打交道了——你懂的，上了台你就只管唱和跳呗，再跟观众逗逗乐子，就那些事儿。

那些日子，我们不只在"幸运先生"一家有脱衣舞女的俱乐部表演过。我记得自己曾经站在某家俱乐部的舞台侧翼，观看一名叫玛丽·露丝的舞女表演。那时我大概九岁或十岁。这名舞女会在表演中脱掉她的衣服和底裤掷给台下，台下的男人们则捡起她的衣物放在鼻子边嗅着边发出怪叫。我跟哥哥们看得目不转睛，一个细节也没落下，而父亲毫不在意，任由我们在这个圈子里耳濡目染。记得在另一家俱乐部，有人在演出更衣室的墙上凿了个洞，墙的另一面就是女卫生间，你可以通过这个洞偷窥到女卫生间里的风光。我也因此有了终生难忘的偷窥经历。这个圈子里的人真的很疯狂，他们不管到哪儿都想方设法在女卫生间的墙上凿洞偷窥。当然我跟我的哥哥们也没少瞧，"你已经看过了！轮到我看了！"我们这帮小鬼就这么推来推去，争先恐后地偷窥女卫生间。

后来，我们在纽约阿波罗剧院演出时，所见所闻又给我上了一课。对我来说，这真的是前所未闻：脱衣舞女我见得多了，但那天晚上，登台表演的是个长发姑娘，眼睛上忽闪着亮晶晶的长长睫毛，在一番妙曼表演之后，她摘掉假发，从胸罩里掏出两个大橘子，人们这才发现"她"是个男扮女装的汉子。我简直目瞪口呆，那时我只是个小屁孩，哪里见识过这种事？台下的观众倒是蛮喜欢这种表演的，他们跟疯了似的拼命鼓掌、吹口哨。我这小屁孩就傻傻地站在舞台侧翼，目睹着这疯狂的一切。

深受震撼。

就跟之前说的那样，我从小接受的教育绝对是异于常人的。或许这也是为什么在我成年之后，反而不容易被这些光怪陆离的东西分散注意力了吧。

我们在芝加哥的俱乐部驻场演出大获成功之后不久，有一天，父亲拿回家一盘卡带，里面的歌是我们从来没有听过的。我们很奇怪，父亲干吗一遍又一遍地放这盘卡带，里面的歌又唱得不好，除了人声之外，背景配乐也只有很简单的吉他和弦。

父亲告诉我们，卡带里的歌不是专业歌手，而是一个词曲作者自己唱的，他在加里市有自己的录音棚。那人名叫基斯，基斯先生会给我们一周时间练习他的新作，看看有没有可能录制成唱片。我们当然激动万分。我们可向往录唱片了，随便录啥都行。

我们专注练歌，而不是像通常那样边练新歌边排舞。这种不知名的歌曲唱起来其实没那么有劲，但那时我们已经很有职业精神了，知道收起自己的失望之情，全力以赴地把歌唱好。待我们准备得差不多了，自觉已经唱到了最好效果之后，父亲先亲自动手给我们录了盘试音带，一开始录音过程中难免有各种差错，父亲也难免要对我们鼓励一番，叫我们别泄气。那一两天里，我们无时无刻不在揣测基斯先生到底喜不喜欢我们的试音带，直到父亲突然回家，带回更多基斯先生的新歌叫我们学唱，我们就要录第一张唱片了。

基斯先生跟父亲一样，也是一名热爱音乐的钢铁工人，只不过他更热衷于录音和商业运营。他的工作室叫"钢城"（Steeltown）。如今回顾往事，我才意识到，其实那时基斯先生跟我们一样兴奋。录音棚在闹市区，周六一大早，赶在我最喜欢的《飞奔驼鸟和大灰狼》（The Road Runner Show）开始之前，我们就出发了。基斯先生在录音棚门口迎接我们，亲手打开了录音棚的门。他向我们展示了一间小小的、摆满各种乐器设备的玻璃房，还跟我们解释了每种设备的功能。至少在这个录音棚里，我们是不会用到卡带录音机的。我拿起一副大大的

37

金属耳机戴上，尽管那玩意儿立刻滑到了脖子上，我仍然做出一副准备就绪的样子。

我的哥哥们忙着找乐器的插电接口，布置各自的站位，就在这时，伴奏的歌手和喇叭手到了。一开始我以为他们会在我们之后进行录音，结果得知他们会跟我们同时进行录音，我们顿时兴奋不已。我们望向父亲，他面不改色，显然对此早有所知，是他同意这样安排的。看来那时，人们就知道什么事都要跟父亲提前沟通了。我们被告知要听基斯先生的话，他会指导我们在录音棚里该怎么做。只要我们乖乖听他的话，唱片自己就会录好。

几个小时之后，我们终于录完了基斯先生的第一首歌。跟我们一样，伴奏的歌手和喇叭手中有几个人也是第一次录唱片，也没想到录唱片那么难，而且他们不像我们有个完美主义的经纪人，所以非常不习惯一遍又一遍地重复做一件事。每到这种时候，我们就会意识到父亲其实一直在努力把我们培养成真正的职业艺人。接下来几周，我们每周六去录音棚录制排练好的歌曲，然后拿基斯先生的新歌卡带回去排练，下个周六再去录音棚。有一次，父亲还带着吉他跟我们一起进行了录音。那是唯一一次他跟我们一起录音。唱片录好之后，基斯先生也给了我们一些唱片，让我们在演出间隙叫卖出售。我们知道大牌乐队组合不会做这种事，但凡事总要有个开始，何况当时，能拥有印着自己名字的唱片已经是一件很了不起的事了。我们都深

《小大人》是我们的第一支唱片单曲。

感幸运。

　　"钢城"的第一张单曲《小大人》（Big Boy）低音部分比较糟糕，但它本身是首好歌，歌曲内容是关于一个男孩梦想与某个女孩坠入爱河。你可以脑补一个年仅九岁的瘦弱小屁孩唱这首歌的景象。歌词写道"我再也不要听童话故事"，但实际上，那时我还太小，对歌词中的大部分单词都不解其意，他们给我什么，我就唱什么，仅此而已。

　　当这张低音部分相当"销魂"的唱片开始在加里市的广播中播放时，我们顿时在邻里街坊的眼中成了大人物。那时没有人相信我们居然能出唱片。就连我们自己都难以置信。

　　录完"钢城"的首张唱片之后，我们继续向芝加哥的各大才艺秀发起挑战。通常情况下，同台竞技的选手在见到我之后都会将我上下细细打量一番，尤其是当他们排在我们后面表演时，大概是因为我看起来太小了吧。有一天，杰基在那里捧腹大笑，就好像有人给他说了个全世界最好笑的笑话。那时我们马上就要登台表演了，这可不是登台前应有的态度。我看得出，父亲也担心杰基这状态会把表演搞砸，他走过去警告杰基，但杰基对着他的耳朵悄悄说了些什么，紧接着，就连父亲也跟杰基一样变得乐不可支。我也想知道到底是什么笑话那么好笑。父亲骄傲地说，杰基偷听到了今晚主演们之间的窃窃私语，其中一个人说："今晚我们可不能再让杰克逊五兄弟带着那个小侏儒来抢我们的风头。"

一开始我非常生气，感到很受伤，他们也太坏了，长得矮小又不是我的错。但我的另外几个哥哥也都哈哈大笑起来。父亲解释说，他们不是在笑话我矮，那些人说我坏话，是因为他们以为我是个扮成小孩的大人，就像《绿野仙踪》里的梦境人一样。父亲说，我能让那些衣着光鲜的大人像过去那些邻居小孩一样在背后说坏话，说明我们离征服芝加哥已经不远了。

我们还得再接再厉。我们已经在芝加哥几家相当不错的俱乐部进行演出，父亲又帮我们在皇家剧院的业余之夜才艺秀报了名。他曾经去那里看过 B.B. 金①最著名的《雷格尔现场音乐会》（Live at the Regal）专辑录制演出。那是几年前，当时，父亲送给蒂托那把鲜亮时髦的红色吉他时，我们还开玩笑说他可以用个女孩的名字来命名这把吉他，就像"B.B. 金的露思丽"。②

在业余之夜才艺秀中，我们三个周末连赢三场，每周我们都会准备一首新歌，好让观众猜测下周我们会表演什么。有些参赛者抱怨我们太贪心，赢了一回不够，还要来参加第二回，但他们也一直参加这个比赛。因为业余之夜才艺秀有个规则：如果连赢三场，你就会受邀参加一场皇家剧院的售票演出。售

①　B.B. 金（Riley Ben King，艺名 B.B.King，1925.9.16—2015.5.14），布鲁斯音乐家，吉他手和歌曲作者。他是有史以来最伟大的布鲁斯音乐家之一，外号"布鲁斯之王"。1964 年 11 月，他在芝加哥的雷格尔剧院录制专辑《雷格尔现场音乐会》（Live at the Regal）。
②　指 Gibson 公司出的"Gibson Lucille"吉他，这款吉他因 B.B. 金的使用而闻名世界。

在美国国家促进有色人种发展联合会形象奖颁奖典礼上。

早期同台演出的时光。

票演出的观众有数千人之多，而我们在俱乐部演出时台下也就那么几十个观众。我们最终得到了售票演出的机会，那场演出由格蕾蒂丝·奈特[1]与种子合唱团（Gladys Knight and the Pips）领衔，他们表演了一首没有发表的新歌《道听途说》（I Heard It Through the Grapevine）。那是一个令人陶醉的夜晚。

在征服了芝加哥之后，还有一个才艺秀比赛是我们必须拿下的，那就是纽约城阿波罗剧院的才艺秀。不少芝加哥人觉得在阿波罗剧院赢一次比赛也只不过是交了次好运而已，没什么大不了的，父亲却把这场比赛看得很重。他知道，纽约不但跟芝加哥一样才华出众者云集，而且纽约还聚集了更多的唱片业人士和专业音乐人。如果我们能在纽约获得成功，那么我们到哪儿都能获得成功。这就是阿波罗剧院才艺秀对我们的意义。

43

芝加哥寄了一份关于我们的演出报告到纽约，鉴于我们已经名声在外，阿波罗剧院让我们直接参加最后的《超级狗》（Superdog）决赛，在此之前我们一场初选赛也不用参加。这时格蕾蒂丝·奈特已经跟我们谈起过关于摩城的话题，鲍比·泰勒——温哥华乐队的一名成员也跟我们聊起过这个，他跟父亲交情不错。父亲告诉他们，我们很乐意去摩城试音，但那是将来的事。

---

① 格蕾蒂丝·奈特（Gladys Knight，1944.5.28—）：美国演员、歌手、作词人、作曲家、制片人。被誉为"灵魂乐皇后"。

　　我们早早来到 125 大街上的阿波罗剧院，以便有时间参观游览一番。我们穿过剧院，看到所有在这里表演过的明星的照片，他们中有白人也有黑人。参观以剧院经理把我们带进更衣室告终，而在那之前，我已经找到了自己最喜欢的明星照片。

　　当我跟兄弟们在所谓的"黑人剧院"——当然那里也对其他人开放——表演时，我会留心观察每个演出明星，想尽可能从他们每个人身上学到东西。我会盯着他们的脚看，留意他们如何举手投足，观察他们是如何拿麦克风的，我要搞明白他们做的每件事以及他们为什么这么做。我从舞台侧翼研究詹姆斯·布朗的表演，记下他的每个舞步、每种发声方式、每个回旋转身。我得说，他的表演真的能让人全情投入，他的身体表现力之强，犹如每个毛孔都在迸发火花，令人叹为观止，你仿佛能感觉到他脸上汗水流淌，感受到他投入的热情。我没有见过其他人像他这般表演，他真的令人难以置信。我在观察别人的时候总会代入自己。詹姆斯·布朗、杰基·威尔逊[①]、山姆和戴夫[②]，还有欧杰斯乐队（O'Jays），他们的表演总能带动观众。比起其他人，我从杰基·威尔逊身上学到的东西最多。当然，从他们每个人身上学到的东西对我来说都是重要的一课。

---

① 　杰基·威尔逊（Jackie Wilson，1934.6.9—1984.1.21）：美国灵魂乐歌手和表演者。拥有四个八度音程的男高音，获得 Mr.Excitement 的昵称。
② 　山姆和戴夫（Sam and Dave）：活跃于 1961 年至 1981 年的美国合唱组合，是很成功的灵魂乐二重唱。

我们站在后台，藏身于幕布之后，可以看到每个人在表演完之后走下台，他们全都大汗淋漓，我心怀敬畏地站到一旁让他们经过，注意到他们全都穿着漂亮的漆皮鞋。那时我最大的梦想就是拥有一双属于自己的漆皮鞋。让我心碎的是，没有店家生产小孩穿的漆皮鞋。我曾经在一家家商店里寻找漆皮鞋，但所有店家都说"我们不做那么小尺码的鞋"。我难过极了，我也想要一双专门在舞台表演时穿的鞋：光洁闪亮，当舞台灯光照在鞋面上时，会反射出红色和橘色光芒。哦，我是多么想要一双像杰基·威尔逊穿的那种漆皮鞋啊。

大多数时间，我都独自待在后台。哥哥们会跑到楼上去吃吃喝喝聊聊天，我就待在舞台侧翼，蜷起身子蹲在地上，抓着又脏又臭的幕布，目不转睛地看着舞台上的表演，每一个舞步，每一个动作，每一个扭动，每一个旋转，每一个停顿，每一种感情，即使是最细微的变化，我也全都看在眼里。对我来说，这既是学习，也是娱乐。只要一有间隙，我就跑到幕侧去看舞台上的表演。不管是父亲、哥哥们还是其他的音乐人，他们都知道在哪儿能找到我。他们难免会拿我开玩笑，但我忙着看台上的表演，还要把那么多细节记在心里，根本就没空去搭理他们。我至今还记得所有那些舞台：皇家、上城、阿波罗……太多太多了。从那些舞台上诞生的天才多如神话，而全世界最棒的学习方式就是观察他们如何工作。当然，你很难让他人明白，我仅是站在那里看别人表演，就学会了那么多东西。有些音乐人，比如说布鲁斯·斯普林斯汀 [1] 和 U2 乐队 [2]，他们也许会说自己所接受的教育是来自街头。而我的骨子里是个艺人，舞台就是我的教室。

杰基·威尔逊的照片就挂在阿波罗剧院的墙上，摄影师抓拍到他抬脚拧身，却尚未完全离开他刚刚前后甩动麦克风支架的位置的那一瞬间。他可能是在演唱一首悲伤的歌，或许就是《孤独的泪水》（Lonely Teardrops），而他的舞姿如此迷人，令观众目不转睛，没人会在那一瞬间感到孤独与悲伤。

山姆和戴夫的照片则挂在走廊的尽头，就在一张老旧的大型乐团照片旁边。父亲和山姆·默尔交上了朋友，我还记得我第一次见到山姆，他对我非常友善，令我又惊又喜。我本以为自己翻唱了他那么多的歌，他一定会请我吃耳光。在山姆和戴夫的照片不远处，是"王者中的王者，火爆的'有请'本人先生"，詹姆斯·布朗的照片。在他出现之前，歌手就是歌手，舞者就是舞者，歌手可能会跳舞，舞者可能会唱歌，但除非你是弗雷德·阿斯泰尔或吉恩·凯利 [3]，你要么唱得比跳得好，要么跳得比唱得好，尤其是在现场演出中，你很难做到两全其美。而

---

① 布鲁斯·斯普林斯汀（Bruce Springsteen，1949.9.23—）：美国摇滚歌手、作词作曲家。
② U2 乐队：爱尔兰摇滚乐队。
③ 吉恩·凯利（Gene Kelly，1912.8.23—1996.2.2）：爱尔兰裔美国男演员、导演、好莱坞歌舞片巨星。

詹姆斯·布朗改变了这一切。当他在舞台上翩翩起舞、滑翔时，就连舞台追灯都跟不上他的节奏，你必须要照亮整个舞台才不会错过他精彩的舞姿。我真想跟他跳得一样好。

我们在阿波罗剧院的"业余之夜"才艺秀中大获全胜，那一刻我很想回到照片墙前感谢我的"老师们"。父亲高兴极了，他说他简直可以飞回加里市。他感到自己仿佛站在世界之巅，而我们也一样飘飘然。我和哥哥们都直接得到了 A 级评分，我们期待着"跳级"，至少我有一种预感，我们就要告别到处参加才艺秀和在脱衣舞俱乐部演出的日子了。

1968 年的夏天，我们邂逅了另一个音乐家族组合，对他们的认知改变了我们后来的歌声和生活。这个音乐组合名叫"斯莱和斯通一家"[①]（Sly and the Family Stone），组合成员的姓氏各不相同，他们之中有男有女，有黑人也有白人。那些年里他们出了不少经典之作，例如《随音乐起舞》（Dance to the Music）、《站立》（Stand）、《夏日热趣》（Hot Fun in the Summertime）。哥哥们在他们唱到"小侏儒站得高"这句歌词时会一起指向我，而这时我已经不再介意，能跟他们一起开怀大笑了。那段时间，无论哪个电台都在放他们的歌，就连摇滚音乐台也不例外。他们对我们产生了很大的影响，真得感谢他

---

① 斯莱和斯通一家（Sly & The Family Stone），美国乐队，成立于 1966 年。

们让我们获益良多。

在阿波罗剧院的才艺秀胜出之后，我们的生活中电话不断。我们必须一边接听电话一边查看地图，才搞得清这些电话是从哪里打来的。父亲和母亲之前有过约定，为了避免唱片公司来电时电话却正好占线，每通电话的通话时间不得超过五分钟。但现在看来，就连五分钟都嫌太长。我们生怕错过唱片公司的电话。我们尤其期待某家唱片公司的来电，只要对方打来电话，我们一定要接到。

就在等电话的期间，有个看过我们在阿波罗剧院的表演的人，把我们推荐给了纽约的《大卫·弗罗斯特秀》（The David Frost Show）。我们就要上电视了！我们从来没有那么激动过，我迫不及待地把这个消息告诉学校里的每一个人，若谁不信，我就说两遍。几天后我们就将坐车前往电视台，我简直是数着小时在等待那一刻的到来，无时无刻不在脑海中描绘这次旅程，想象着电视台会是什么样子，我们在摄影机中看起来又会是什么样子。

我把学校老师提前给我布置的旅行家庭作业带回家。我们会在启程之前选定演出歌单，再进行一次着装排练。我迫不及待想要知道我们会选择表演哪首歌。

然而那天下午，父亲说，纽约之旅取消了。我们全都停下手中的活，呆呆地看着他，不敢相信自己的耳朵。

那一刻，我们全都惊呆了。我几乎哭出来。我们就要取得

早在《比莉·珍》之前我就已经爱上了帽子。

重大突破了，他们怎么可以这样对我们？到底发生了什么？为
什么弗罗斯特先生改变了主意？我头昏脑涨，满心疑问，哥哥
们也跟我一样迷惑不解。"是我取消的。"父亲冷静地说。我
们再次全体呆呆地看向他，谁都说不出话来。"摩城来电。"
我的背后一阵战栗。

　　那段日子至今对我来说依然清晰可见。我清楚地记得自己
站在一年级的教室外等着接兰迪回家。那天原本应该是马龙来
接他的，我跟他临时换了班。

　　兰迪的老师祝我在底特律一切顺利，因为兰迪已经告诉她
我们要去摩城试音的事了。就连兰迪也为此激动万分，哪怕他
根本不知道底特律是怎么回事。因为我们全家都在谈论摩城，
而兰迪甚至不知道"城市"是什么意思。兰迪的老师告诉我
说，兰迪还在教室的地球仪上寻找摩城。她还为我们的试音提
供了个人意见：她认为我们应该唱《我知道你不知道的》（You
Don't Know Like I Know），就按我们之前在芝加哥皇家剧院表演
时那样来，她跟好些个学校老师一起开车去芝加哥看过我们的
这场表演。我一边帮兰迪穿上大衣，一边有礼貌地回答说我会
把她的意见记在心上的。实际上我心里明白，我们不可能在摩
城试音时唱山姆和戴夫的歌，因为他们签约于另外一家唱片公
司斯达卡斯，跟摩城是竞争对手。父亲告诉我们，唱片公司把
这种事看得很重，他警告我们到时候千万不要搞砸了。我记得

他看着我的眼睛说，让我看看我十岁的小歌手能不能表现得像十一岁那么成熟。

我们走出盖瑞特小学的教学楼，回家的路并不长，但我们也要抓紧时间。当一辆又一辆车从我们面前开过时，我紧张起来。兰迪紧紧握住我的手，我们向路口的警察挥手求助。明天，拉托娅会来接兰迪回家，因为我跟马龙还有其他人都会去底特律。

我们在底特律的福克斯剧院进行了最后一场表演，然后立刻赶回加里市，到家已是凌晨五点。一路上，我都在车里睡觉，本以为早晨直接去上学也没事，结果到了下午三点排练时，我困得好像腿里灌了铅，迈不开步子。

那天晚上，我们原本可以一表演完自己的节目就回家的，我们排在节目单上的第三位，那时回家就不会搞到那么晚。但要是我们走了，就看不到当晚的主打歌手杰基·威尔逊的演出了。我在其他地方看过他的表演，但这场却与众不同：在福克斯剧院，他会站在一个徐徐升起的升降舞台上进行表演。我记得，尽管第二天排练时又困又累，但我还是尝试着在动作中加入了几个威尔逊最新表演的舞步。而且我还在排练开始前，专门在学校卫生间的镜子前练习了一番，很多孩子都过来围观。父亲看了我新学的舞步很是满意，同意把这些动作编进我的表演部分。

在我和兰迪回家的路上，靠近杰克逊大街的拐角处有个大水坑。我左右看了下没车经过，便放开兰迪的手，一跃跳过水坑。

51

我在落地时踮起脚尖打了个转，以免弄湿灯芯绒裤子。我回头看看兰迪，他也跃跃欲试，想要有样学样。但我看着他助跑的样子就知道这水坑对他来说太大了，他肯定没法跟我一样跳过去还不弄湿裤子。这时我首先是他的哥哥，其次才是他的舞蹈老师，所以我赶紧在他掉进水坑之前，一把抱住了他。

过了马路，快到家附近了，我看到好几个邻居小孩在买糖吃。其中有几个小孩在学校里欺负过我，但这回就连他们见了我也来问我们什么时候去摩城。我一边回答他们，一边用我的零花钱给兰迪买了糖，也分了些给那些孩子。我不希望兰迪因为我要离开而不开心。

刚到家门口，我就听见马龙在吼："谁快去把车门关上！"我看到我们平时坐的那辆大众小巴士的侧门大开，顿时想到去底特律的这一路上会有多冷，不禁打了个寒战。马龙比我们早赶回家，已经在帮杰基装车了。杰基和蒂托更是从来没有那么早到家过——此时此刻，他们本应在上篮球课。但鉴于印第安纳州的冬天积雪泥泞，我们宁可早点做好准备早点出发，所以他们也不得不翘掉篮球训练。那一年，杰基已经加入高中篮球队，父亲说，下次我们再去印第安纳州演出，就该是罗斯福高中篮球队拿全国冠军的时候了。杰克逊五兄弟会在早晚的比赛间隙进行演出，而杰基会投出关键好球，拿下全国冠军。父亲总喜欢这样跟我们开玩笑，但你永远不会知道杰克逊五兄弟身上会发生些什么。父亲希望我们各方面都出色，而不是只会音乐。我猜他有如此执念，是受到他身为教师的父亲的影响。但我的学校老师们就不会像父亲那样严格管教我们，而他们原本是靠强硬和苛刻来获得报酬的。

母亲也从屋里出来，给我们拿来打包好的保温瓶和三明治。我记得她还特意叮嘱了我一番，叫我别再把她前一晚刚刚缝好的西装衬衫弄坏了。我跟兰迪帮忙把东西搬上车，又跑去厨房，瑞比正在那里一边准备父亲的晚餐，一边照看被放在一张高椅子里的小珍妮。

作为我们的大姐，瑞比一直很辛苦。摩城的试音结束后，我们就要决定是否搬家。如果我们真的搬家，瑞比就会跟她的未婚夫一起搬到南部去。在母亲读夜校考高中文凭的那段时间里，一直是瑞比在料理家务。母亲当年因为生病缺课没有拿到高中文凭。当她告诉我她要考高中文凭时，我都不敢相信，我担心母亲要跟杰基或蒂托差不多大年纪的孩子一起坐在教室里上课，她会被人笑话。结果母亲听了大笑，她耐心地跟我解释说，她会跟像她一样的大人们在一起上课。看到母亲跟我们一样要做作业还挺有意思的。

这次装车比往常要来得轻松一些。一般情况下，罗尼和乔尼会跟我们一起去演出，帮我们伴奏，但摩城会提供伴奏乐师，所以只要我们过去就行了。杰梅因正在屋里赶作业，他想在出发前把作业写完。我走进屋里，他跟我开玩笑说，我们可以扔下父亲自己去摩城，杰基有驾照，车钥匙也在他手里。我们哈

53

哈大笑，但内心深处，我根本无法想象如果没有父亲我们该怎么办。有时父亲因为轮班的关系没法赶回家，母亲会代替他来安排我们的排练，但这跟父亲在没什么区别，因为母亲就像是父亲的眼睛和耳朵，她很清楚我们前一晚哪些地方做得很好，这一晚哪些地方在偷懒，等到父亲晚上回家，就会从我们偷懒的地方开始重新排练。我们猜父亲和母亲之间一定有什么约定的暗号，不然父亲是怎么知道我们哪个地方没有好好排练呢？

　　出发去摩城之前，我们没怎么花时间向彼此告别。母亲已经习惯我们一离家就是好几天了，有时哪怕学校放假，我们也没法待在家里。拉托娅嘟着嘴，看起来颇有些小情绪，她也想跟我们一起去。她只去芝加哥看过我们的演出，而我们每次出远门去波士顿或凤凰城，都没时间给她买纪念品小礼物回来。在她眼里，我们的生活一定很精彩，因为她不是待在家里就是去学校上学。瑞比当时正用两只手抱着小珍妮哄她入睡，但她还是设法跟我们挥手作别。我最后拍了拍兰迪的脑袋，就跟大家一起出发了。

　　尽管我们之前去过底特律，但父亲和杰基一路上还是习惯性地不时查看地图。我们开车经过基斯先生的录音工作室，它位于闹市区，坐落在市政厅旁。我们之前在这家名叫"钢城"的录音工作室里录过唱片，后来还去录过一些试音带，父亲把它们都寄给了摩城。当我们开上高速公路时已是夕阳西沉。马龙声称，如果能在 WVON 电台里听到我们在"钢城"录的那张唱片，我们这次就会有好运。我们全都点头称是。父亲问我们，谁知道 WVON 四个字母代表什么？说完他还特地撞了下杰基，让他保持安静，不要说出答案。我望着窗外绞尽脑汁，杰梅因则已经迫不及待地叫起来："黑人之声（Voice of Negro）！"我们也跟着瞎起哄，编出各种缩写简称："WGN——全世界最伟大的报纸（World's Greatest Newspaper）！"当时的《芝加哥先驱报》当之无愧。"WLS——全世界最大的商店（World's Largest Store）！"在我们心目中，那就是西尔斯百货。"WCFL——"我们卡在那里，编不下去了，父亲接口道："芝加哥工会（Chicago Federation of Labor）。"他拿起保温瓶喝了口水。我们开上 I-94 公路，加里市的电台被卡拉马祖的电台取而代之。我们开始调转频道，寻找着播放"披头士"[①]的 CKLW——加拿大安大略省温莎市的电台。

我在家经常玩"大富翁"，开车去摩城也有点像是"大富翁"。在"大富翁"中，你走来走去，买东西，做决策，而我们从"黑人剧院"一路走来，参加各种才艺秀，就像是穿梭在一场"大富翁"之中，每走一步都充满机遇和风险。我们费了一番工夫，终于走到了哈莱姆区的阿波罗剧院，对我们这样的年轻艺人来说，这就像是在"大富翁"中走到了公园广场。如今我们再次

---

① 披头士（The Beatles），英国著名摇滚乐队。

出发，一路向着摩城前进。这一步是会将我们带向胜利的终点，还是会让我们走上偏离目标的道路，令我们离游戏的终点越来越远？

即使坐在颠簸不已的迷你巴士中，我仍然能感到自己已经发生变化。过去，当我们开车去芝加哥的时候，我们还怀疑自己是否足够优秀，是否有能力走出加里市？而我们做到了。当我们向纽约进发时，我们也同样忐忑不安，担心自己的能力不足以在那里立足，就算在费城和华盛顿取得成功也无法打消我们的疑虑：纽约会不会有什么闻所未闻的乐队组合比我们更加优秀？他们会不会打败我们？直到我们在纽约阿波罗剧院取得胜利，我们才意识到，已经没有什么阻挡在我们前进的道路上了。摩城也一样，那里不会有什么能让我们感到吃惊，而我们才要让他们大吃一惊，就跟我们过去一直做的那样。

父亲从仪表箱里拿出手写的路线指示图，我们下了高速公路，开向伍德沃德大街。街上行人寥寥，除了我们之外，其他的孩子这时应该都还待在学校里。

父亲有点担心住宿的地方是否安排妥当，这时我才惊讶地意识到，原来这次是摩城的工作人员帮我们预订了酒店。那时我们还不习惯别人来替我们做安排。我们喜欢自己做主。父亲一直都是我们的预订代理、旅行经理和经纪人，即使他没空做某件事，母亲也能代劳。因此即使摩城方面告诉父亲已经为我们订好了酒店，他仍然疑虑重重，总觉得他还是应该亲自预订酒店，以便把一切都掌控在自己手中。

我们入住哥谭酒店。客房是事先预订好的，一切都安排得井井有条。我们住的房间里有电视机，只是没有信号，什么台都看不了。反正第二天十点就要试音，我们不能熬夜，也没空看电视。父亲看着我们上床后便锁上门离开了。我跟杰梅因累得没力气说话，直接倒头便睡。

第二天早晨，就跟往常一样，父亲准时来叫我们起床。但那一天我们全都很兴奋，几乎不等他叫，便一个个自觉从床上蹦了起来。去摩城试音对我们来说还是件很不同寻常的事，尽管过去在很多地方进行表演，可很少有观众会期待我们能拿出专业水准来。要判断自己的表现到底好不好不是一件容易的事，当在俱乐部演出或是参加才艺秀时，我们是通过台下观众的反应来进行判断的，而这次却会大不一样。不过父亲告诉我们，我们试音的时间越长，就说明他们想听的越多。

我们在咖啡店里吃了点麦片和牛奶作为早餐，然后上车出发。在那家咖啡店里，我注意到菜单上写着"粗玉米燕麦"，就猜到这里一定有很多来自美国南部的黑人。我们从来没有去过南部，那里是母亲的家乡，在马丁·路德·金博士[①]被枪杀的事件发生后，我一直希望有一天能跟其他黑人一样去南部寻根。我记得很清楚，当金博士被枪杀的消息传来时，所有人都

57

————

① 马丁·路德·金（Martin Luther King, Jr., 1929.1.15—1968.4.4），美国牧师、社会活动家、黑人民权运动领袖。

悲痛欲绝。那晚我们取消了排练，我跟母亲还有其他人都去了王国大厅缅怀他。人们为他的离去而失声痛哭，好像失去了自己的亲人，就连平时不常动情的男人也无法忍住悲痛的泪水。我那时还太小，无法理解这整个悲剧是如何发生的，如今回忆起当时的情景，我却忍不住要落下泪来——不仅为金博士、为他的家人，也为我们所有人。

杰梅因眼尖，他第一个看到那间被称为"美国金曲乌托邦"（Hitsville, U.S.A）的录音工作室。它看起来有些老旧，跟我想象中的大不相同。我们满心好奇：我们会在这里遇见哪个大歌星？今天会有谁来录唱片吗？但没有父亲的指令，我们也不敢多问。父亲已事先经训练过我们，由他负责一切对外交涉，我们唯一要做的，就是像第一次登台那样去表演。这其实是个很高的要求，因为我们每次表演都是全情投入，但我们都清楚父亲的意思。

已经有很多人等在那里，但父亲说出"通行密码"之后，很快就有一个穿衬衫打领带的男人出来接见我们。令我们大吃一惊的是，这个人居然叫得出我们每个人的名字。他让我们脱下外套跟他走。等在那里的其他人就跟见了鬼似的看着我们。我不禁好奇，这些人是谁？他们有什么样的故事？是不是也跟我们一样远道而来？他们会不会要在这里等上一整天？他们是不是也期待着有一天能无需预约就能进入工作室？

　　我们进入工作室，看到一个摩城工作人员正在调试摄像机，有个区域布置着乐器和麦克风。父亲走进其中一间录音棚，跟什么人在交谈。我努力假想自己现在身处福克斯剧院，站在升降舞台上，这跟平时的演出没啥两样。我向四处张望，心里想着要是有一天我有了自己的录音棚，我一定要搞个像阿波罗剧院里用的那种麦克风，可以从地板底下升上来的那种。尽管那个麦克风有次差点害得我脸朝下一路滚进地下室。那次我正一边踩着舞步，一边找麦克风，而那个玩意儿正慢慢地消失在地板之下。

　　那天，我们唱的最后一首歌是《谁在爱着你》。我们唱完之后，没有人鼓掌，也没有人说话。我茫然地站在那里，忍不住脱口而出："我们唱得怎么样？"杰梅因嘘了一声让我闭嘴。那些大人们把我们扔在一旁，自己一边交谈一边还在笑。我用眼角的余光偷偷打量他们，其中一个人大声说："杰克逊五兄弟是吧？"边说脸上还露出大大的微笑。我越发困惑不安，我猜哥哥们也跟我一样迷惑。

　　最后，带我们进来的那个男人又领着我们出去，对我们说："谢谢你们来这一趟。"我们抬头看着父亲脸上的表情，想看出点端倪来，但他看起来既不高兴也不失望。我们走出工作室的时候，外面的天还亮着。我们又沿着I-94公路开车回到加里市，一路上都很压抑。我们一边想着到家还要赶紧补作业，一边想着这次试音是不是就这样不了了之了。

第 二 章

乐 土

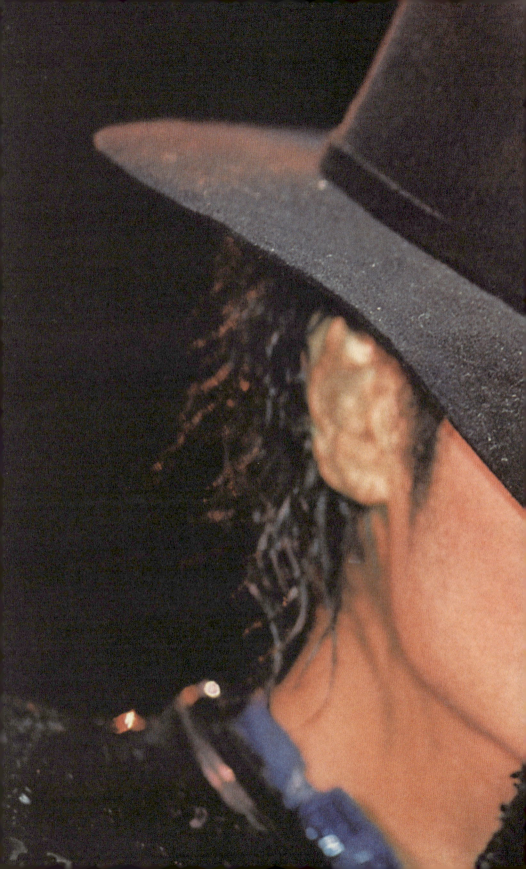

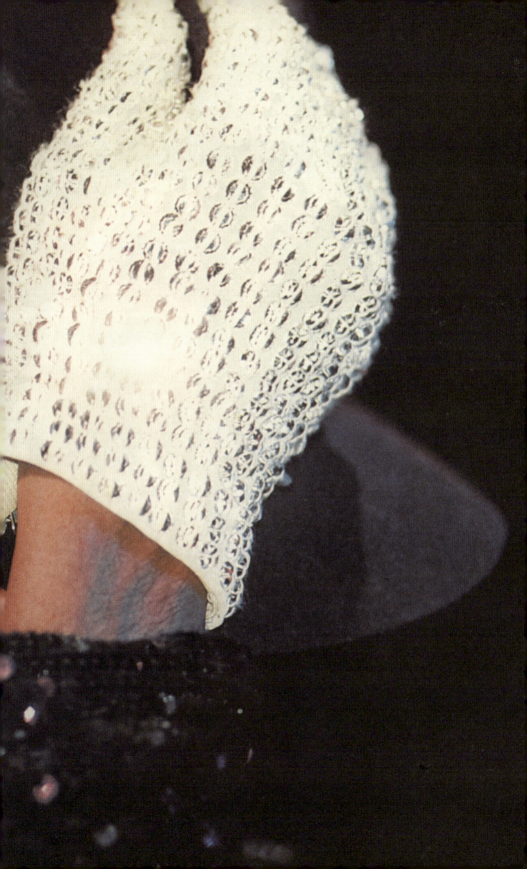

我们通过了摩城试音！得知这个消息时，我们全都欢呼雀跃起来。我还记得伯瑞·高迪（摩城唱片公司创始人）让我们坐下，宣布我们将一起创造历史。"我会让你们成为举世瞩目的大明星，"他说，"你们将会被载入史册。"他当时真的就是这么跟我们说的。我们身子前倾，激动地听着，嘴里说："好啊！好啊！"我永远忘不了那一幕。我们所有人都在伯瑞家里，听着这个权势滔天又才华横溢的男人向我们宣传，我们将要成为大明星。"你们的第一张专辑会夺冠、第二张专辑会夺冠、第三张专辑也会夺冠。这三张冠军专辑会排成一列霸占排行榜首，你们会像戴安娜·罗斯 [1] 和至上女声三重唱一样叱咤流行风云榜。"这种事在过去是闻所未闻的，但是伯瑞说对了，我们后来还真的做到了——三张冠军专辑在排行榜上排成一列，霸占榜首。

　　说到戴安娜，尽管她不是最先发掘我们的人，但在那些日子里，她为我们做的一切，真是令我们无以回报。我们后来搬到了南加州，实际上是跟戴安娜住在一起的，在那一年多的时间里，我们有一半人住在伯瑞·高迪那儿，另一半人住在戴安娜那儿，每过一阵就互相交换着住。她是个非常棒的人，就像母亲那样照顾我们，让我们感觉就像住在自己家里一样舒适。至少有一年半的时间，都是戴安娜在照顾我们。那时父母放弃了加里市的住处，在加州到处寻找一处能让我们所有人都住进去的房子。戴安娜和伯瑞都住在比弗利山庄，这对我们来说就很便利，从戴安娜的住处到伯瑞的住处步行即可。大多数时间，我白天在戴安娜家度过，晚上则去伯瑞那儿。这是我人生中的一个重要阶段，因为戴安娜热爱艺术，也鼓励我学会欣赏艺术。她会花时间悉心教导我，我们几乎每天都会一起出门，就我们俩，要么去买铅笔画纸，一起画画，要么一起去博物馆或美术馆，她向我介绍了很多大师杰作，像是米开朗基罗和德加的作品，是她令我萌发了对艺术的兴趣，并且持续一生之久。她真的教

---

① 黛安娜·罗斯（Diana Ernestine Earle Ross，1944.3.26—）：美国女歌手，是1960年代摩城唱片组合"至上女声"（The Supremes）的主唱。

给我许多东西，对我来说都是全新的知识，如此新鲜又如此令
人兴奋。在我过去的生活中，每天只有音乐和排练，而她带给
我的生活却大不相同。你肯定难以置信，像戴安娜这样的大明
星居然会愿意亲自花时间教一个小孩子画画，亲自引领他接受
艺术的熏陶。这一切至今仍然令我难以置信。我为她而疯狂，
她就像是我的母亲、爱人和姐妹，三者完美结合在她一个人的
身上，她就是如此令人惊艳赞叹。

　　那段日子对我和哥哥们来说真是疯狂，当我们从芝加哥飞
去加州，简直就像到了另外一个国家、另外一个世界。我们从
印第安纳州荒凉的城镇起飞，飞机降落在南加州，世界仿佛变
成了一个美妙的梦境。我纵情地到处游玩——迪士尼乐园、落
日大道，还有海滩。哥哥们也爱死了加州，我们对什么都充满
兴趣，什么都想尝试一下，好像是第一次走进糖果店的小孩子。
加州的一切都让我们叹为观止，即使在深冬，这里依旧枝繁叶
茂，树上还长着橘子，还有美丽的海滩、棕榈树、温暖的天气……
每一天都是如此特别，每到一个地方，我总是玩得兴起，不肯
撒手，但随即又意识到，其实还有更多、更好玩的事在等着我，
这样的日子真是令人陶醉啊。

　　在加州，最棒的是你能遇到摩城所有的大明星，当伯瑞·高
迪把唱片公司从底特律搬到加州之后，他们也跟着移居到了加
州。还记得第一次跟斯莫基·罗宾逊握手，对我来说简直就是
在跟国王握手。我两眼发光，就好像星星闪烁。我对母亲说个

不停，告诉他斯莫基的手握起来有多软，就好像柔柔的枕头。

当你自己是个明星的时候，你不会在意自己对偶遇的路人产生什么影响，粉丝却往往深受影响。至少我就是如此。我走来走去，到处跟人说："他的手可真软啊！"现在回想起来，那还真有点傻里傻气的，但这就是明星的影响力——我跟斯莫基·罗宾逊握过手了！我还有很多崇拜的艺术家、音乐家和作家，但年轻时崇拜的都是真正的艺人，例如詹姆斯·布朗、小萨米·戴维斯^①、弗雷德·阿斯泰尔和吉恩·凯利。一个伟大的艺人可以打动每个人的心，而他们个个都有这本事，就好像米开朗基罗一样，不管你是谁，都会被他的杰作触动心灵。当我有机会跟对我产生过某种影响的人见面时，我总是兴奋不已。某本书读来会令我深受感动，引发我去思考过去从未在意的事；某首歌或某种曲风会将我打动，令我百听不厌；某幅画可以向我揭示宇宙的秘密；同样的道理，我也会因为一个艺人的精彩演出，或是一群艺人的集体表演而深受影响。

那时摩城还从来没有给少儿组合录制过唱片，他们只出过一张史提夫·汪达^②的唱片，这是他们唯一录制过的童声单曲。

因此摩城打定主意，如果他们要推出少儿组合，那么组合成员不仅要在唱歌跳舞方面技高一筹，其他方面也要胜人一筹。他们希望人们不仅仅喜欢我们的唱片，并且喜欢我们本身。他们希望我们能起到榜样作用，例如努力学习、友善待人，尤其是在面对跟我们有直接接触的歌迷、记者或任何人时，我们必须做到彬彬有礼。这对我们来说倒不难，因为母亲从小就教育我们要礼貌待人，要为他人着想，这已经成为我们的第二天性。唯一的难处就是，我们该如何继续完成学业。一旦我们成了名，就几乎没法回到学校念书了——人们会翻窗进入教室来跟我们要签名照片，我尝试过回到过去的班级念书，努力不要引起骚乱，最终还是无济于事。我们只能请老师到家里来给我们上课。

　　在这期间，一名叫苏赞妮·德·帕塞①的女士对我们的生活产生了重要影响。她为摩城工作，我们搬到洛杉矶后，一直是她在悉心教导我们，后来她还成为了杰克逊五兄弟的经纪人。我们有时会跟她一起住，我们一起吃饭，一起做游戏。她是个很有意思的年轻姑娘，跟我们这群吵吵闹闹、精力旺盛的小鬼倒也玩得到一块儿。对于塑造杰克逊五兄弟，她贡献良多，我们对她真是感激不尽。

　　记得有次，苏赞妮给我们看我们五个人的素描画像，每张画像上我们的发型都不一样，此外还有我们穿着不同风格服装

---

① 　苏赞妮·德·帕塞（Suzanne de Passe，1946.7.19—）：美国作家、制片人，代表作品《迈克尔·杰克逊：传奇继续》等。

在摩城拍摄的诸多宣传照中的一张。

的水彩画像，画像上的服装和发型都是可以调来调去的，就跟调色板玩具一样。等到我们调好了画像，决定好了各自的造型之后，苏赞妮就带我们出发，先去理发店做发型，再去服装店买衣服。那里的人拿来了各种衣服给我们试穿，一套不合适就换另一套，如果还是对造型不满意，我们就会再次拿出"调色板"，"调试"更多新的服装造型。

我们还要上礼仪课和语法课。他们会替我们列出一大串问题，都是人们预计会向我们提问的。我们经常被问到的就是我们有什么爱好，家乡的情况，还有我们是不是喜欢一起唱歌等等。歌迷和记者都想知道我们分别是从几岁开始从事表演的。虽然很感谢人们因为喜爱我们的音乐而对我们本人产生兴趣，但自己的生活经历变得人尽皆知仍然是一件糟心事。

在还没有人问过我们上述问题之前，摩城的工作人员就已经检查我们是不是都准备好了对答如流，他们不仅要考语法，还要检查我们的餐桌礼仪，等到他们觉得我们一切合格、准备就绪了，就把我们带去进行最后一次试装，修改袖子的长短，把我们新做的非洲黑人爆炸头再一次修剪整齐。

在这之后，我们还要学一首新歌，叫作《我想你回来》（I Want You Back）。我们后来才一点点发现，原来这首歌的背后还有个故事：这首歌的创作者是来自芝加哥的弗雷迪·佩伦[①]，

---

① 弗雷迪·佩伦（Freddie Perren，1943.5.15—2004.12.16）：美国作曲家、制片人。

当时我们在芝加哥的某个俱乐部为杰瑞·巴特勒进行暖场表演，弗雷迪则是杰瑞·巴特勒的钢琴师。他看到俱乐部竟然雇佣那么小的孩子进行演出，不禁感到很心酸，他以为俱乐部是雇不起其他人，才廉价雇佣了我们。但等看到我们的表演之后，他就完全不这么想了。

《我想你回来》一开始叫作《我想要自由》（I Want to Be Free），这首歌实际上最初是为格蕾蒂丝·奈特写的。弗雷迪想过伯瑞有可能会跳过奈特，把这首歌给"至上女声"组合，但伯瑞告诉杰瑞，他新签了一个来自印第安纳州加里市的少儿组合，而他打算把这首歌给我们来唱。弗雷迪把这两件事放在一起，猜到那个少儿组合就是我们，他决定相信命运的安排，把这首歌交给了我们。

当年我们在加里市学习钢城录音工作室的新歌时，蒂托和杰梅因需要特别用心，因为他们要负责录音的伴奏部分。所以他们在拿到《我想你回来》的样带之后，会特别专注于吉他和贝斯部分的演奏。但父亲解释说，摩城没指望他俩去录伴奏，在我们去录人声之前，摩城自己会把伴奏录好的。不过，父亲也提醒他们，这意味着他们要自己练好伴奏部分的压力就更大了，因为我们在歌迷面前表演时，他们必须复刻那些歌。与此同时，我们所有人都要记住歌词和提示。

在摩城的声乐部门，负责我们的人员是弗雷迪·佩伦、鲍

比・泰勒[1]和德克・理查兹[2]。理查兹和哈尔・戴维兹[3]，还有
另外一个摩城的叫冯斯・米泽尔[4]的家伙为我们创作了首批单
曲，这三人被称为"合作小组"。当时我们去理查兹那儿进行
排练，事先准备得很充分，令理查兹深为感动，他原本还想好
了要怎么对和声编写进行调整，我们却已经一步到位了。他建
议我们趁热打铁，立刻进棚录音。于是第二天我们就去了工作
室。我们全都兴致高昂，拿着新鲜出炉的混音样带去找伯瑞・高
迪。我们到他那儿时才下午三点，原本以为等他听完之后，我
们正好可以回家吃晚饭。

　　结果等我真正坐上回家的车已经是凌晨一点。我瘫倒在理
查兹的车后座上，一路摇头晃脑，昏昏欲睡。高迪不喜欢我们
对这首歌的演绎。我们只得当着他的面把每一部分都重来一遍，
我们这么做的同时，高迪就已经想明白他要对我们的演绎进行
哪些编排调整，然后他再跟我们一起尝试新的演绎方式。他就
像一名学校合唱团的指挥，就算合唱中大家的声音都混在一起，
难以分辨，他还是坚持要每个人单独演绎自己的部分，就好像
我们是在独唱。在我们合在一起又演绎了一遍之后，他再次对
歌曲进行调整，然后把我单独叫到一边，告诉我应该如何演绎

---

① 　鲍比・泰勒（Bobby Taylor，1973.12.28—2017.7.22）：美国音乐人、制作人。
② 　德克・理查兹（Deke Richards，1944.4.8—2013.3.24）：美国作曲家、演员。
③ 　哈尔・戴维斯（Hal Davis）："钢城"制作人。
④ 　冯斯・米泽尔（Fonce Mizell，1943.1.15—2011.7.5）：美国知名作曲家。

我的那部分。他明确地告诉我自己想要的效果究竟是什么样的，以及他希望我怎么做来达到这种效果。然后，他再给弗雷迪·佩伦从头到尾解释一遍他想要的效果——因为弗雷迪是负责录音的那个人。贝利在这方面真的很有一手。我们在这首歌的单曲推出之后就录了专辑，在整张专辑里，给我们印象最深刻的还是《我想你回来》，录这首歌用的时间要比专辑里的其他所有歌曲加在一起都要长，用掉的卡带也是最多的。这就是摩城当年的做事风格，这也是因为伯瑞·高迪总是力求完美，不放过任何一个细节。我永远不会忘记他的坚持不懈，这也是他的天赋所在。自打那时起，我就特别留意伯瑞参与的每一个环节，牢牢记住我从他身上学到的每一件事。时至今日，我还是沿用着他的那一套做事原则。可以说，贝利是我的老师，而且是一位了不起的老师。他知道怎么让一首普通好歌变成经典名曲，他好像拥有魔法一，能够点石成金。

对我和哥哥们来说，为摩城录音是一次激动人心的经历。整个录音过程中，创作团队的音乐创作者会一直陪在我们身边，对歌曲进行反复雕琢打磨，直至完美。我们会花上数周时间来反复录制一条音轨，一直录到达到他们想要的效果为止。而在这个过程当中，我可以清晰观察到他们是如何让一首歌变得越来越好，他们会改动歌词、调整编曲、变换节奏，尝试一切可能性。贝利给了他们足够的自由，让他们可以这样工作，这也跟贝利本人追求完美的个性有关。我猜要是他们不尽其所能地

73

追求完美，贝利就要亲自上阵了。他就是有这种本事。他会在我们录音时走进录音室，告诉我们该怎么做，而且他总是对的。这真的很神奇。

《我想你回来》于 1969 年 11 月发行，六周之内销量达到了两百万张，登上了销量排行榜的榜首。我们的第二支单曲《ABC》在 1970 年 3 月发行，两周之内销量就达到两百万张。我至今还是很喜欢那首歌中我的说唱部分："坐下，女孩！我想我爱你！不，站起来，女孩，让我看看你能干什么！"1970 年 6 月，我们的第三支单曲《你拯救的爱》（The Love You Save）又一次登上了销量排行榜的榜首。贝利的预言成真了。

我们的下一支单曲《我将为你守候》（I'll Be There）在同年秋天发行，同样大卖。我们意识到，我们已经超越了贝利对我们的期待，他花在我们身上的心血得到了回报。

我和哥哥们——我们全家人——全都深感自豪。我们创造了新时代的新声音：一个由孩子组成的音乐组合不断打破销售记录，这是前所未有的事。而在那时，"杰克逊五兄弟"完全没有同年龄阶段的竞争者。我们只在业余比赛中遇到过一支名叫"五阶梯"①（The Five Stairsteps）的儿童乐团，他们也很出色，但那些孩子跟我们不一样，他们不是来自同一个家庭的，没有家庭的纽带把他们牢牢系在一起，所以最终他们非常遗憾

---

① 该组合后成为美国"灵魂音乐第一家族"。

April 29, 1971
No. 81
50c UK 15 NP

ROLLING STONE

Why does this eleven year-old stay up past his bedtime?

Michael Jackson and his six gold records

The Murder of Ruben Salazar
by Hunter S. Thompson

地解散了。而在《ABC》火爆大卖之后，其他唱片公司也开始一窝蜂地推出各种效仿我们的儿童组合。我还挺喜欢这些组合的："鹧鸪家庭"（The Partridge Family），"奥斯蒙家族"（The Osmonds），"德佛朗哥一家"（The DeFranco Family）。"奥斯蒙家族"本来就已经小有名气，他们原本的音乐风格跟我们截然不同，类似于理发师合声①加上低吟唱法。但在我们的单曲大卖之后，包括他们在内的那些组合都模仿了我们的爵士灵乐风格。我们倒是不介意，因为我们都知道，有竞争才健康。我们家的亲戚还以为《一只坏苹果》（One Bad Apple）是我们的歌呢。因为那时我个子太矮了，够不到麦克风，工作人员就搬了个特大号苹果箱让我站在上面，那箱子上还写着我的名字。在我还是个小孩子的时候，麦克风的支架总是无法降低到我能够得到的高度，所以我的童年大多数时间都站在苹果箱上歌唱，而跟我一般大的孩子们那时还在外面玩耍。

　　就像我之前说的那样，在早期，摩城的"合作小组"包揽了我们所有的歌曲创作工作，他们负责打造我们的音乐风格。记得有很多次，我明明觉得某首歌应该用这种方式来演绎，他们却认为应该采用另一种方式。有很长一段时间，我都表现得非常顺从，从来不提出异议，直到有一天终于忍无可忍，我已经烦透了由别人来规定我必须怎么唱。那是1972年，那时我

---

①　理发师合声（Barbershop Harmony），指一种无伴奏的合唱方式，兴起于1940年代。

此时此刻，麦克风已经成为我的手的自然衍生部分了。

十四岁，当时我们正在录制《临窗远眺》（Lookin' Through the
Windows），他们希望我用某种特定的方式去演唱，但我知道
他们是错的。不管你几岁，只要你有自己的想法，并且你知道
自己的想法是对的，他们就该听你的。那一次我被他们搞得很
光火，整个人心烦意乱，就忍不住打电话给伯瑞·高迪抱怨。
我说，他们总是告诉我要怎么唱，我也总是听他们的，但现在
他们变得太……机械了。

　　因此伯瑞来到录音室，告诉他们放手，让我做我想做的。
我想他是对他们说，给我更多的自由发挥的余地，诸如此类的
话。自打那以后，我开始在演唱时变换花样，而他们也真心爱
上了我自己发明的演绎方式。我会即兴发挥，比如改动歌词或
加点尾音。

　　当伯瑞跟我们一起待在录音室里的时候，他总是能让作品
锦上添花。他穿梭于一间又一间录音室，查看各种人员的各项
工作，画上让作品趋向完美的点睛之笔。华特·迪士尼[①]也是
这么做的，他会查看手下各个画师的工作，然后说："这个角
色应该更加活泼一点。"当我在录音时，我总能察觉到贝利是
喜欢我对歌曲进行的改变的，因为当他感到满意的时候，他就
会把舌头在腮帮子里转来转去。如果一切进展顺利，令他分外
满意，他则会像个退役拳击手，在空气中大力挥拳。

---

① 　华特·迪士尼（Walt Disney，1901.12.5—1966.12.15），美国著名动画大师、
企业家等，迪士尼公司创始人。

那些日子里，我最喜欢的三首歌是《永不道别》（Never Can Say Goodbye）、《我将为你守候》和《ABC》。我永远不会忘记第一次听到《ABC》的感受。我觉得这首歌实在太棒了。我还记得当时迫切地想演唱这首歌的心情，我想尽快进录音室，把这首歌真正变成自己的作品。

我们依然每天排练、辛勤工作——这跟过去没什么不同——但身处的位置不同了，我们对此心怀感激。周围有那么多人在推着我们前进，而我们自己也下定决心，只要努力，一切皆有可能。

《我想你回来》才刚发行，摩城的每个人就已经让我们做好准备迎接成功。戴安娜爱死了这首歌。她在一家赫赫有名的好莱坞迪斯科舞厅举办派对，隆重推出我们的新歌，就跟在伯瑞那里一样，她让我们在舒适的派对氛围中登台献唱。就在戴安娜安排的这场活动之后，我们立刻收到了来自"美国黑人小姐"（Miss Black America）的电台表演邀约。这是个让观众提前了解我们新曲的好机会。我们不禁想起因为接到了摩城的面试电话，而不得不放弃去纽约上电视表演的机会，那时我们还为此失落不已。如今，我们非但加入了摩城，而且还迎来了自己的电台首秀。生活真是太美好了，而戴安娜则让这一切变得更加美好：她将要主持周六晚上的大型表演秀《好莱坞宫》（The Hollywood Palace），这将是她最后一次与"至上女声"同台献艺，也将是她第一次与我们一起登台表演。这对摩城来说意义重大，因为他们已经决定我们的新专辑就叫《戴安娜·罗斯献上杰克逊五兄弟》（Diana Ross Presents the Jackson 5）。戴安娜这样的巨星把火炬传递到我们这样一群孩子的手中，这可是前所未有的事。不管是摩城、戴安娜还是我们这五个来自印第安纳州加里市的孩子，全都为此激动不已。而《我想你回来》发行后所获得的成功，再次证明了贝利的眼光：过去电台里放的都是斯莱和披头士的歌，如今他们放的全都是我们的歌。

我之前也提到过，我们在录专辑时不像在录单曲时那么耗费心力，反而乐在其中，因为我们可以尝试各种类型的歌曲，从《谁爱你》（*Who's Lovin' You*）——我们曾经在才艺秀上表演过这首奇迹乐队的老歌，到《*Zip-A-Dee-Doo-Dah*》[①]。

我们为专辑录制的歌曲受众广泛——小孩、青少年、成年人都包括在内，这也是专辑大获成功的原因之一。当我们在"好莱坞宫殿"推出专辑时，我们还担心现场观众都是见多识广的好莱坞人士，未必会买账，但他们从听到第一个音符起就被我们给征服了。那天，场子里还专门有一支为我们伴奏的管弦乐队，那是我第一次听到《我想你回来》的现场伴奏，过去我听的都是他们录制好的音轨。那次演出让我们感觉自己如同国王，过去只有在加里市赢得全市才艺大赛时我们才有过类似的感觉。

---

① 本歌收录于《戴安娜·罗斯献上杰克逊五兄弟》，原歌是 1946 年迪士尼影片《南方之歌》主题曲，歌名取自片中女巫一句咒语，没实际意义。

　　为我们挑选合适的歌曲已经变得颇具挑战，因为我们不能再依赖演唱别人的成名曲来博得听众了。"合作小组"和哈尔·戴维斯专门负责为我们写歌和制作，贝利不希望再一次性推出我们五个人。即便是前几首单曲都拿到了排行榜的第一名，我们接下来是还要继续忙于新的挑战。

　　《我想你回来》可以由成年人来演唱，但《ABC》和《你拯救的爱》是专门为我们年轻的嗓音而写的歌，其中包括了我和杰梅因的演唱部分，我们在演唱时要绕着舞台旋转——这也是再次向"斯莱和斯通一家"致敬。"合作小组"在写歌的时候脑子里就已经想好了如何编舞：不仅是我们在舞台上表演时的舞步，还有歌迷们可以跟随我们的歌声在派对上翩翩起舞。这两首歌的韵味都有点饶舌，这也是为什么他们把这部分分给了我和杰梅因。

　　要是没有《我想你回来》，也就没有后面那两张单曲唱片的诞生。我们是以《我想你回来》作为主要脉络，围绕它进行各种想法的加加减减，最终完成这两张单曲唱片的编排策划。而大众歌迷则想要我们所做的一切，因此我们又乘兴推出了两张单曲唱片：《妈妈的掌上明珠》（Mama's Pearl）和《金主爸爸》（Sugar Daddy）。这两首歌不禁让我想起在学校的时光："我给你糖果，他却得到你全部的爱！"我们还在和声部分玩了点新花样，每次我跟杰梅因在同一个话筒前演唱时，都能收到观众的热烈反响。

歌迷告诉我们，从来没有哪个组合像我们一样拥有如此之高的起点，从来没有。

《我将为你守候》是我们真正的突破，就像歌词所宣告的那样："我们的到来是为了留下。"这首歌停留在排行榜榜首长达五周之久，这可是非常罕见的纪录。在很长一段时间里，它也是我们所有作品当中我最喜欢的一首歌。我非常喜欢它的歌词："你与我立下约定，我们必将重获救赎……"这可完全不像是威利·赫克[①] 和伯瑞·高迪这样的人会写出来的歌词，只要不在录音室里，他们跟我们在一起的时候总是在开玩笑。从我听到这首歌的样带的第一刻起，我就被它给迷住了。在听到这首歌的开场前奏之前，我甚至都不知道什么是羽管键琴。歌曲的出炉要归功于哈尔·戴维斯的才华，也必须要感谢苏西·依科达[②] 的协助，她就像我的另一半，在我录制一首又一首歌曲时站在我的身旁，确保我身心投入，正确演绎出歌中所表达的感情与感觉。这是一首严肃作品，但我们仍旧为其添加了一些有趣的部分："转过头来看看吧，宝贝！"当我唱到这句时，如果没有加上最后这一声"宝贝"，那么整首歌也不会成为四连冠唱片《伸出手，我将为你守候》（Reach Out, I'll

---

① 威利·赫克（Willie Hutch, 1944.12.6—），美国歌手、音乐人、录音师、制作人、词曲作者。

② 苏西·依科达（Suzee Ikeda），"摩城"艺人开发部助理。

Be There）的主打金曲。这让我们越发觉得，我们是在跟摩城一起创造历史与未来。

我们通常的计划安排是让我来演唱歌中活泼轻快的部分，而杰梅因来演唱节奏柔缓的抒情部分。尽管杰梅因十七岁的嗓音确实更加适合演唱抒情部分，但实际上我更喜欢的是他那部分的曲风，只是当时那种风格还不适合我。《我将为你守候》是我们第四首刚一推出就登上榜首的单曲，人们也很喜欢杰梅因演唱的《我找到了那个女孩》（I Found That Girl），这首曲子收录在专辑《你保留的爱》的 B 面，同样也风靡一时。

我们把这些歌曲编排成一个大串烧，在很多地方都加入了舞蹈，在参加的所有电视节目上进行表演。我们上了三次《埃德·沙利文秀》。那时摩城的工作人员一直告诉我们在台上什么该说、什么不该说，我们也一直循规蹈矩，但沙利文先生把我们从这些条条框框里拽了出来，他主持的节目氛围令人舒适，可以畅所欲言。我不是说摩城给我们穿上了束缚紧身衣，或者把我们变成了机器人什么的，尽管我不会像他们那样做，如果我有小孩，我是不会告诉他们什么该说、什么不该说的。只是当时，摩城工作人员也是第一次跟我们这样的孩子偶像组合进行合作，这是前所未有的，谁也不知道如何正确处理这方面的问题。

记者会问我们各种各样的问题，而摩城的工作人员就站在我们身旁监督记者提问，在必要时帮助我们解围。我们压根没有想过让他们难堪。我猜，他们是担心我们的嘴里会蹦出什么激进的言论来，因为那时不少黑人的发言都很激进。也许他们是担心让我们顶着非洲爆炸头，就会把我们变成一群小弗兰肯斯坦①。有个记者问到黑人权力（Black Power）②的问题，摩城的工作人员告诉他，我们不会考虑这种问题，因为我们是"商业产品"。这听起来别扭极了，但我们只是挤挤眼睛，在离开时行了个"黑权礼"（the power salute）③，把那个工作人员给吓了一大跳。

　　我们后来还上了唐·科尼利厄斯④的《灵魂列车》（*Soul Train*）节目，这是一次老友重逢，他原来是芝加哥的唱片电台主持人，我们是在芝加哥那段时间认识他的。当时我们很喜欢看他的节目，还从节目中的老乡舞者身上汲取了不少灵感。

　　在我们的唱片大获全胜之后，杰克逊五兄弟就开始了巡演之旅。这是一段疯狂的日子。巡演始于一场1970年秋天的

---

① 弗兰肯斯坦（Frankenstein）是英国作家玛丽·雪莱创作于1818年的长篇小说《科学怪人》中的怪人。此处有"怪物"之意。
② 指1968年黑人权力致敬事件。1968年，夏季奥运会上，非裔美国运动员汤米·史密斯和约翰·卡洛斯在田径200米颁奖仪式上，在听到美国国歌时，举起戴着黑手套的拳头致敬，直到国歌结束。该事件被认为是现代奥运史上最公开的政治声明之一。
③ 同上。
④ 唐·科尼利厄斯（Don Cornelius, 1936.9.27—2012.2.1）：美国演员、制片人、编剧。

大型演唱会，我们还在麦迪逊花园广场和洛杉矶会堂这样的大型场馆里进行了表演。1971 年，《永远不能说再见》（Never Can Say Goodbye）再次火爆大卖，那段时间里，我们一个夏天就跑了 45 座城市，而那一年接下来的时间，还有 50 多座城市在等着我们的巡演。

回忆那段日子，我们兄弟几个是那么亲密无间。我们是个互相忠诚、相亲相爱的小团队，我们到处逗乐，一起偷懒，互相恶搞，对跟我们一起工作的大人进行恶作剧。我们从来不会玩过头——从来没有电视机从我们住的旅馆窗子里飞出去，但好多人都被我们当头浇过水。我们这么恶搞，其实是因为巡演途中的长途旅行实在太无聊了。我们也只能这样自己找找乐子，来克服长期巡演中的疲倦。我们也想出去玩，但一路上，我们总是被关在酒店的房间里，哪里也去不了，因为我们只要一踏出酒店，外面就是疯狂尖叫的女歌迷。我很希望那时有台录像机，能把我们的恶作剧给记录下来，有些真的特别疯狂。在我们的保安经理比尔·布雷睡着之后，就是我们的狂欢时间。我们举办过门厅疯狂竞走大赛、枕头大战、摔跤格斗大赛、剃须膏战争等等。我们跟一群疯子似的，把装满了水的气球和纸袋扔到旅馆阳台下看着它们爆炸，笑得喘不过气。我们互相用东西扔对方玩，花几个小时打恶作剧电话，跟酒店客房服务点超大份的套餐送到陌生人的房间去，每个走进我们房间的人则有 90% 的可能性被架在门上的一桶水给当头浇个透心凉。

其实，每到一座陌生城市，我们也会尽可能地到处观光。我们有一位很棒的家庭教师，名叫罗丝·范恩，她陪着我们进行巡演，陪我们一起旅行观光，一路上教会了我们不少东西，也确保了我们没有落下功课。正是罗丝让我喜爱上了读书和文学，令我受益至今。我会读一切自己能找到的书。新的城市也意味着新的购物场所。我们喜欢购物，尤其是去书店和百货公司。但随着我们的名气越来越大，蜂拥而至的歌迷总是会把我们的休闲购物活动变成一场粉丝握手大战。那些日子里，对我来说最可怕的事就是陷入一大群近乎失控的女粉丝的包围之中。我觉得这真的太粗暴了。我们走进一家商场想随便逛逛，结果粉丝发现了我们，然后一切都毁了：柜台被推倒，玻璃被打碎，收银机砸到了地上，而我们只是想买几件衣服而已！粉丝一旦骚乱起来，我们根本无法控制他们的疯狂谄媚和随之而来的狼藉名声。如果你没有亲眼目睹过那种场面，你是根本无法想象的。这些姑娘们是动了真格的，她们现在也一样，觉得自己所做的一切都是出于对你的爱，却根本意识不到这会伤害到你。她们的用意是好的，但我可以用亲身经历来证明，陷入粉丝的包围之中肯定会受伤。有一千只手在抓住你，你会感觉到窒息，透不过气，身体像是要被肢解一样疼，一个女孩扭着你的手腕往一边拧，另一个女孩拽住你的手表，好几个人抓住你的头发还在用力拉，头皮痛得就像被火烧，你还会被推倒、撞倒在什么东西上，在身上留下可怕的刮伤。我的身上到现在还留有各种刮伤，甚至还记得每条伤痕分别都是在哪座城市留下的。我很早就学会了如何快速穿过聚集在剧院、酒店和机场外的大群疯狂粉丝，最重要的是记得用手挡住眼睛，因为女孩们一旦激动起来就会忘记她们还留着指甲。我知道粉丝的本意是好的，我也很爱他们的热情支持，但被一大群粉丝包围实在是太吓人了。

我经历过的最疯狂的粉丝大包围，是在我们第一次去英格兰的时候。飞机还在大西洋上空时，飞行员就告诉我们，他收到通知，有一万名粉丝聚集在希思罗机场，准备迎接我们的到来。我们简直难以置信，尽管我们也挺激动的，但当时要是飞机能掉头，我们就会立刻掉头飞回去。我们知道这搞不好就会出事，但当时飞机的燃料已经不够再飞回去了，我们也只能硬着头皮继续飞往希思罗机场。我们降落时，就能看到粉丝已经完全占领了整个机场，那场面相当狂热。我和哥哥们都觉得那天我们能活着离开机场纯属侥幸。

跟哥哥们在一起的那段日子的回忆对我来说弥足珍贵，拿什么来我都不换。我经常希望自己能重温那段时光。那时我们就像七个小矮人：各具个性，各有千秋。杰基是运动健将，他老爱忧心忡忡；蒂托是强大的"慈父"，他热爱汽车，喜欢拆装组合零件；杰梅因是我成长过程中跟我最亲近的人，他有趣随和，总爱恶搞，就是他在酒店客房门上放水桶，浇了每个进门的人一头冷水；马龙是我认识的意志最坚定的人之一，他也爱开玩笑，是个捣蛋鬼，刚开始他总是惹麻烦，不是跳错舞步就是唱错音，但后来他就再也没有犯过这种错误了。

我们兄弟几个虽然个性迥异却又亲密无间，互相支撑着度过了令人精疲力竭的漫长巡演之旅。我们互补互助：杰基和蒂托会确保我们不会失去控制，不会把恶作剧搞得太过分，而杰梅因和马龙则会喊着："让我们疯一下吧！"

我非常怀念这一切，那段日子我们总是在一起。我们一起去游乐园，一起去骑马，一起看电影。我们做什么都在一起。只要有一个人说"我要去游泳"，其他人都会喊着："我也去！"

我们兄弟一直如此亲密，直到哥哥们开始结婚成家。这也是可以理解的：他们有了各自的妻子，组成了各自的小家庭，自然是要把妻子当成自己最亲近的人。我一方面希望我们还能像从前那样亲密无间，既是兄弟又是朋友，但同时也意识到这种关系变化是在所难免的，这也未必是什么坏事。我们仍然相亲相爱，兄弟相聚的时光仍然十分美好，但我们也有了各自不同的人生轨迹，不可能再像过去那样无拘无束，无时无刻不在一起了。

在"杰克逊五兄弟"巡演的那段日子里，我总是跟杰梅因住一间房，不管台上台下，我俩都亲密无间，分享着共同的兴趣爱好。我们兄弟几个当中，杰梅因是最容易被想要接近的女孩所吸引的那一个，我跟他在一起，一路上难免要卷入恶作剧。

比尔·科斯比在教我们谈恋爱与打棒球的规则。

　　我觉得父亲大概早就察觉了这一点，因为他对我俩比对其他兄弟看得更紧：他总是住在我们隔壁的客房，以便随时通过两间客房内连通的隔门进来查看我们的情况。我真的很讨厌这种安排，父亲随时监控我们有没有在搞恶作剧也就算了，他还利用这扇门来恶搞我们。最过分的那一次，是我跟杰梅因在表演结束后精疲力竭地躺倒在床上昏昏大睡，而父亲带了一群女孩悄悄溜进房间，我俩被惊醒之后，就看到一群女孩站在那儿，冲着我们咯咯直笑。

　　由于演艺圈和事业就是我的生活，我青春期遇到最大的个人问题既不是在录音棚里也不是在舞台表演上，而是在镜子里。那段日子，个人形象令我困扰不已。很大程度上，我既是普通人又是名人，而这两种身份又是紧紧捆绑在一起的。

　　十四岁时，我的外形开始发生巨大改变，我长高了不少。没见过我的人走进房间，期待着看到一个小小的可爱的"迈克尔·杰克逊"，他们从我面前直接走了过去，当我说"我就是迈克尔"的时候，他们一脸怀疑。在他们的印象中，迈克尔应该是个可爱的小男孩，而我却是个身高 5 英尺 10 英寸（约 1.78米）、处于青春发育期的瘦弱少年。我的形象跟他们心目中的"小迈克尔"实在相差太大了。青春期本身就够令我困扰的了，身体变化本来就让我很没有安全感，而人们的这种负面反应更是放大了我的这种感觉，想想这有多烦人吧。在他们眼里，我好像不该长大似的，但我只是跟每个普通人一样会发育、会长高而已啊。

这可真是难熬。过去我是个人见人爱的小可爱，但是那段时间，除了青春期发育的身体变化之外，我还长了一脸可怕的粉刺。有天早上，我照镜子时不禁大叫："哦！不！"我脸上的每块"油田"里都长出了粉刺，而且我越是为它们烦恼，它们就长得越欢。那时我还没意识到，我吃的大量油腻的垃圾食品对此"功不可没"。

潜意识里，我被自己皮肤的糟糕状况给吓坏了。我变得羞于见人，我的皮肤实在太糟了，被人看到实在太丢脸。我越照镜子，越觉得这一脸粉刺好可怕。外形令我沮丧不已，这才知道原来粉刺可以给一个人造成毁灭性的影响，它对我的影响尤其之大，甚至毁掉了我原本的个性：我在说话时都不敢直视别人的脸，只能低着头或者看向别处。我觉得自己一无是处，既不想出门也不想做任何事。

其实马龙后来也长了一脸粉刺，但他满不在乎。我当时则是不想见任何人，也不想任何人见到我的这副鬼样子。这种截然不同的反应也会令我反思，为什么我们作为兄弟，对同一件事的反应竟会如此不同。

好在我们的唱片销量依旧火爆，我至少还有这件事是可以自豪的。只要站上舞台，我就能停止胡思乱想，在那一刻，所有的烦恼都一扫而空。

但下台之后，只要一面对镜子，我的烦恼就又回来了。

情况最终得到好转，是我开始从不同角度审视自己的状况。我学着改变想法，学着如何让自我感觉重新良好起来。最重要的是，我改变了饮食习惯，这才是关键。

1971 年的秋天，我的第一张个人唱片《应该去那里》（Got to Be There）新鲜出炉。录制这张唱片的感觉很棒，它也成为了我最喜欢的作品之一。让我录个人唱片是贝利·高迪的主意，他让我成为了摩城组合中单飞的第一人。贝利还说，他觉得我应该出个人专辑，后来我真的出了个人专辑，才意识到贝利又说对了。

在我作为一个年轻歌手要经历的种种磨砺当中，那段时间发生的一个小冲突还挺有代表性的：如果你很年轻又很有想法，人们通常会觉得你既幼稚又愚蠢。1972 年，那时我们正在巡演，《应该去那里》也在火爆大卖中，有天晚上，我对路演经理说："在唱那首歌之前，让我先下台拿上我在唱片封面上戴的小帽子。要是观众看到我戴上那顶帽子，他们肯定会燃爆的。"

路演经理觉得这是他听过的最可笑的主意。我不被允许那么做，因为我只是个年轻人，而他们全都觉得这个主意蠢透了。但就在不久之后，唐尼·奥斯蒙[1]就在全国各地的巡演中戴了一顶很相似的帽子，并且大获好评。这证明了我的直觉是对的。

---

①　唐尼·奥斯蒙（Donny Osmond，1957.12.9—），美国演员、制片人。

过去马文·盖伊①在唱《让我们戴上它》（Let's Get it On）之前，也会戴上一顶帽子，观众的反响就很热烈，因为他们知道接下来马文要表演这首歌了。这不仅有助于点燃现场的气氛，还能增加跟观众的互动，给他们带来更多的参与感，让他们更加投入到演出之中。

《杰克逊五兄弟》的卡通秀于1971年在每周六上午通过网络电视播出，那时我已经是电影和动画的忠实粉丝。戴安娜·罗斯教我绘画的同时，也提高了我对动画的欣赏力，我本来就爱看动画，看到自己变成一个卡通人物，更是让我对动画如痴如醉。我尤其热爱华特·迪士尼所开创的动画风格。我很崇拜迪士尼先生和他旗下众多才华横溢的艺术家所取得的成就，一想到他和他的公司给全世界数以百万计的儿童甚至成年人带来的欢乐，我就深感敬畏。

我喜欢当一个卡通人物，每周六早上起床看卡通秀，看到我们的卡通形象出现在屏幕上，对我们五兄弟来说，这就好像是梦想变成了现实。

我第一次真正参与到电影当中，是在1972年为电影《鼠王》（Ben）演唱主题曲。

《鼠王》对我来说意义重大。走进录音棚，让我的声音加入一部电影之中，没有什么事能比这更令我激动的了。整个录

93

---

① 马文·盖伊（Marvin Gaye, 1939.4.2—1984.4.1）：美国摩城唱片著名歌手、曲作者，有"摩城王子"之称。

制过程，我都乐在其中。电影终于上映了，我走进剧场，等着电影放完，打出演职员表，银幕上出现"《鼠王》由迈克尔·杰克逊献唱"的字样。我为此深深感动。我爱这首歌，我爱这部电影。《鼠王》的情节有点像《E.T.外星人》，讲的是一个小男孩和一只小老鼠成为朋友的故事。有人不理解小男孩为什么会喜欢老鼠，那是因为他生了某种病，快要死了，而他唯一的朋友就是小老鼠本，它是这座城市的老鼠头领。很多人觉得这部电影怪怪的，可我一点也不觉得。当时《鼠王》的主题曲登上了排行榜的第一名，这首歌至今仍然是我的最爱之一。我一直都很喜欢动物，喜欢阅读关于动物的书，观看关于动物的电影。

第 三 章

跳 舞 机 器

　　直以来，媒体都在编造关于我的"奇闻异事"。他们对于真相的扭曲令我困扰不已。我通常很少看报，但仍难避免听到那些关于我的胡说八道。

　　我不明白他们干吗非要造谣生事，大概是因为他们实在没什么关于我的丑闻可以报导，就只能编些故事出来，让他们的文章看起来有趣一些。总体来说，我的行为表现都挺好的，为此我还有点小自豪。很多早早踏入娱乐界的孩子都因为吸毒而自毁生涯，比如弗兰基·莱蒙、鲍比·瑞斯科尔等童星就是如此。我能理解他们为什么会吸毒，因为他们在小小年纪就要承受巨大压力，生活对他们来说是如此艰难，绝大多数童星都无法过上正常的童年生活。

我自己从来不碰毒品，不管是大麻还是可卡因，我拒绝任何毒品。我是说，我连一次都没有尝试过。

不说这些了。

我们并非没有受到过诱惑。在我们那个年代，音乐圈中毒品泛滥，我不想对此作出评价——对我来说，这不是什么道德问题——但我亲眼见过毒品毁掉了很多人的生活，有人为此丧命，我深知毒品不是你可以随便去碰的东西。我不是什么纯洁小天使，我也有自己的坏习惯，但毒品绝对不在其中。

《鼠王》的问世预告着我们即将走红世界。就跟牛仔裤和汉堡一样，美国灵魂乐开始在其他各国流行，我们也因此受邀成为全球大流行的一部分。1972 年，我们去了英格兰，开启了我们的首次海外巡演之旅。尽管我们之前从未上过任何英国电台节目，他们却熟知我们歌中的每一个词。他们甚至还有印着我们照片和写着大大的"杰克逊五兄弟"的横幅围巾。我们在英国的演出场地没有在美国的演出场馆那么大，但我们每表演完一首歌，观众都会给出热烈反响，现场气氛非常之棒。英国观众不像美国观众那样，不等一首歌结束就疯狂尖叫，因此他们能很清楚听到蒂托的吉他演奏，知道他弹得到底有多好。

我们这回带上了兰迪，想让他也开开眼界、长长见识，了解我们在做什么。他还不算是我们演出的正式成员，演出过程中，他只是在舞台后方敲敲手鼓，但他也穿着自己的"杰克逊五兄弟"演出服，因此当我们介绍他出场时，观众也给予了热烈欢呼。等到下一次我们再去英国时，兰迪已经成为了组合中的一员。在兰迪之前，我也敲过手鼓；而在我之前，马龙也敲过手鼓。由此看来，新人敲着小手鼓出道，也算是我们这个组合的一种传统了。

第一次去欧洲巡演时，我们已经走红三年之久，所以我们能拿出足够的作品来取悦那些孩子们，也能在皇家演出上令英国女王感到满意。那是一次令人激动的经历。我过去看到过其他组合在演出后被女王接见的照片，比如披头士，但我从没想过自己也会有机会为女王表演。

英格兰算是我们的一个新起点，它跟我们过去所到之处完全不同。随着越走越远，我们所见到的世界也越发充满异域风情。我们见到了巴黎宏伟的博物馆，也见到过瑞典的美丽群山。作为西方文明之根的欧洲让我们增长了见识，也让我们为接下来的东方之旅做好了准备。东方人民珍视自然与动物，重视精神胜于物质，给我留下了深刻印象。就像中国和日本的很多地方都让我意识到，除了我们双手所能触碰的、双眼所能看到的之外，生活还有更多的意义。我们去了很多国家，每个国家的人都听过我们的名字，喜爱我们的音乐。

我们的下一站是澳大利亚和新西兰，它们是英语国家，却也有住在原始部落里的土著居民。尽管语言不通，他们却像欢迎自家兄弟一样欢迎我们。如果有什么可以证明全人类都可以成为兄弟，那么我们的巡演之旅就是最好的证据。

　　然后我们来到了非洲。在那之前，我们已经悉心研读过关于非洲的内容。家庭教师范恩小姐为我们准备了特别课程，以便我们了解要去的每一个国家的人文历史。我们并没有深入非洲，见到它最美丽的那部分景色，但我们所去的沿海地区也很美，无论是那里的大海、沙滩还是人们，都美得无与伦比。有一天，我们去了野生动物保护区，看到动物们在野外游荡。那里的音乐令我们大开眼界，旋律非同凡响。当我们第一次走下飞机，那时正值破晓，一排身着当地服装的非洲人打着鼓、摇着沙铃，载歌载舞地欢迎我们。他们跳得非常投入，那可真是值得一看。他们以最完美的方式欢迎我们来到非洲，令我永生难以忘怀。

　　非洲商场里的手艺人也个个身怀绝技。我们站在一旁，看着他们一边干活一边兜售。我记得有个很厉害的木雕师父，他会问你想要他雕什么。如果你说"来张人脸"，他就会从一节树干上取下一块，用刀三削两削，一张栩栩如生的人脸就在他的手中诞生了。你可以站在那里，看着他是怎么把一块木头变成一件艺术品的。我当时就一直坐在那儿，看着人们上前告诉他自己想要什么样的木雕，他就在那里雕啊、削啊，做出一件又一件美丽的木雕。

　　我们去了塞内加尔，那次旅程让我们意识到自己是多么幸运，也让我们意识到非洲血统是如何成就了现在的我们。我们

英国皇室演出至今仍是我一生之中的最高荣誉之一。

参观了一座位于戈尔岛上的古老废弃奴隶集中营，受到了深深的震撼。非洲人给了我们无以回报的勇气和毅力。

我猜要是摩城能随心所欲地摆布我们的年龄，他们肯定会让杰基的年龄永远停留在我们登上新闻头条的那一刻，然后再让我们其余人长到跟他一样大——也许他们会让我小上那么一两岁，这样我就能永远是个童星了。这听起来很荒诞，但实际上他们持续打造我们的路线跟这也相差不远了，他们并不希望我们成为一支真正的乐队，按照自己的想法进行发展。随着年龄增长，我们变得越来越有自我创造力，我们有那么多的想法想要去实践，他们却力劝我们不要打破现有的成功模式。不过至少，他们没有在我一进入变声期就跟我们解约，当时有些人是觉得他们会那么干的。

可想而知那有多烦人：监听室里的人永远比录音棚里的人多，所有人都凑巧挤到了一块儿，每个人都要对我们的音乐指指点点，提出建议，发表高论。

我们的死忠歌迷会始终支持我们的唱片，比如《我便是爱》（I Am Love）和《在天上写字的人》（Skywriter）。这些歌本身都是新潮的流行音乐，和弦编排精致复杂，只是不适合我们。当然，我们也不可能一辈子都唱像《ABC》这样的歌——我们绝对不想这么做——但就连我们的老歌迷都觉得，《ABC》也比那些尝试要好。这就让我们很为难了。那只是 1970 年代中期，我们就遇到了变成过气老人的危机，而那时我甚至还未满十八岁。

当杰梅因和我们老板的女儿黑泽尔·高迪结婚之后，人们就对我们挤眉溜眼，觉得我们是受到照顾的关系户。确实，在1973年，《想想清楚》（Get It Together）发行时，伯瑞对待它的重视程度就跟对《我想你回来》差不多。《想想清楚》是这两年里我们销量最好的唱片。尽管跟我们的第一张唱片相比，它不像是个新生儿，更像是自我移植的产物。无论如何，这是首好歌，和声低沉悦耳，哇音吉他①酷炫，还有如同萤火虫嗡嗡振翅般的动人和弦。它不仅受到音乐电台的喜爱，更是在新潮的迪斯科舞厅里大受欢迎。摩城看准了这一点，请回了当年合作小组的成员哈尔·戴维斯，以同样的元素打造了《跳舞机器》（Dancing Machine）。从此以后，杰克逊五兄弟就不再只是"101 Strings"或不管是谁的后备组合了。

早期，即使是优秀的工作室音乐人也需要靠保龄球馆的小演出来补贴生计，摩城便是从那个时代一路走来，始终保持着创新活力。《跳舞机器》运用了全新的复杂音乐编排，歌曲中的小号部分非常出彩，间奏中的泡泡机效果音则让这首歌听起来绝对不会过时。尽管总有人贬低迪斯科音乐，但对我们来说，它却是我们打入成人世界的一条通道。

我爱《跳舞机器》，我爱这首歌的节奏和歌传达的感觉。

---

① 哇音（wah-wah）吉他：一种电音吉他，能发出一种类似于人声的"wah-wah"音。

1974年，这首歌刚刚剪辑完成，我就决心要为它找到一种合适的舞步，这会令它更加出色，也会令我在演绎它时更加兴奋——当然，我也希望这能令我们的表演更加激动人心。

所以，当我们在《灵魂列车》节目上表演《跳舞机器》时，我加入了街舞风格的舞步，被称为"机械舞"（Robot）。那次表演让我见识到了电视节目的力量。一夜之间，《跳舞机器》就登上了排行榜首，没过多久，几乎每个美国孩子都在学跳机械舞。我还从来没见过这种架势。

摩城和"杰克逊五兄弟"在一件事上达成共识：随着我们的表演日益成熟，我们的观众年龄层也应该提高了。我们很快就会有两名新成员：兰迪已经跟着我们参加巡演，珍妮也在唱歌和舞蹈课上显示出足够的才华。我们不可能直接把他们塞进原本的组合之中，那显然是格格不入的。我不会说他们天生就是艺人，就该加入我们的组合，好像我们早就给他们留好了位置似的，这对他们的才华是一种侮辱。他们是通过自己的努力，才在组合中占据一席之地的，而不仅仅因为他们是我们的家人，跟我们一起吃饭，玩我们的旧玩具。

如果你硬要说血统，那么我除了歌手之外还有升降机操作员的血统。这种东西是无法衡量的。父亲除了在晚上给我们编织梦想之外，更多的是在白天鞭策我们努力进步，给我们制定一个又一个前进的目标。

　　就像迪斯科怎么看也不太像是适合少儿组合成长的表演方式，拉斯维加斯的秀场也跟摩城之前为我们设定的家庭氛围的演出场所大相径庭，但我们仍然决定去那里演出。绝大多数人来拉斯维加斯是为了赌博，但我们觉得拉斯维加斯跟过去在加里市或洛杉矶南部的演出场所没多大区别——只是多了些游客而已。由大量游客组成的观众对我们来说也是好事：他们知道我们走红的老歌，乐于欣赏我们的舞蹈，也愿意听我们的新歌，并且怎么也听不腻。小珍妮也身穿西部风情的表演服登台亮相了一到两次，观众们见到她出场都两眼放光，那种感觉真的很棒。

　　1971 年，在一个名叫《重回印第安纳》（*Goin' Back to Indiana*）的电视专题节目中，我们出演过短剧。这出剧是为了纪念我们全体成员第一次一起回到加里市，而自从离开家乡，我们的唱片已经走红全球。

　　我们九个人一起演出短剧比之前只有五个人时要更加有趣，何况不时还有嘉宾加入我们。我们的阵容日益壮大，对父亲来说算是梦想成真了。回首往事，我才意识到在拉斯维加斯秀场的演出是多么难能可贵的经历。我们不用承受开演唱会的高压，也不必讨好只想听我们主打歌的观众，我们可以暂时放下压力，无须时时刻刻地观察每个人都在做什么来保持步调一致。每场演出，我们都会表演一两首抒情歌曲，以便推出我的"新嗓音"。那时我十五岁，不得不考虑类似转型这样的事了。

　　当我们在拉斯维加斯演出时，有几个来自哥伦比亚广播公司电视台的人前来跟我们接洽，想在夏天时给我们做一期综艺节目。我们对此很感兴趣，也很高兴我们终于不再仅仅被当成是一个"摩城推出的组合"了，尽管在很长一段时间里，这个标签还将继续跟着我们。我们可以在拉斯维加斯尽情发挥自己的创意，自己掌控舞台表演，而一旦回到洛杉矶，不管是写歌还是录歌，都不由得我们自己说了算。在拥有拉斯维加斯的经历之后，要我们回到过去那种不自由的日子就更难了。我们一直想在音乐方面有所发展，这是我们赖以生存之本，但却一直受人限制，无法一展身手。有时我甚至觉得，我们还是一群寄住在伯瑞·高迪家中的小孩子，被他牢牢掌控——一想到杰梅因现在还是伯瑞·高迪的女婿，这种挫折感就越发强烈。

　　我们好不容易调整好自己的心态，却发现摩城对其他签约艺人的态度正在发生改变。马文·盖伊已经在做自己的音乐，并且推出了他的杰作《发生了什么》（*What's Coin' On*）。史提夫·汪达摆弄电子键盘的水平已经超过了工作室雇佣的键盘手——他们开始向他请教如何调音。我们在摩城最后的那段日子里，最美好的回忆之一便是史提夫带着我们为他那首颇有争议的劲歌《你一事无成》（*You Haven't Done Nothing*）录制伴唱部分。尽管史提夫和马文仍然是摩城的艺人，但他们争取到了做自己的音乐的权力，甚至还推出了自己的唱片。而对于我们想要做自己音乐的要求，摩城却不屑一顾。在他们眼里，我们仍然只是小孩子——即使他们不再规定我们的着装并"保护"我们。

我们跟摩城之间的问题始于 1974 年，当时我们对摩城明确提出要求，让我们自己来创作和录制歌曲。总的来说，我们不喜欢那段时期摩城为我们创作录制的歌曲，我们原本很有竞争优势，却只能眼睁睁看着其他组合创造出更加符合流行趋势的音乐，甚至陷入被他们超越的危机之中。

摩城的回答是："不行，你们不能自己写歌，你们必须有作曲人和制作人。"他们不但一口回绝了我们的要求，甚至还警告说，我们压根就不该提出想要自己创作音乐这种事，这可是禁忌。这让我对摩城心灰意冷，就连摩城提供给我们的一切物质享受都令我感到万分厌恶。对摩城的这种反感，最终导致我作出离开摩城的决定。

当我感到有什么事不对劲了，我就必须要说出来。很多人觉得我不是一个强势的人，不会固执己见，但那只是因为他们不了解我。哥哥们跟我一样对摩城忍无可忍，但他们却一言不发。哥哥们不发声，就连父亲也不愿开口，我只能自己去跟伯瑞·高迪谈。所以最终由我来说，我们——杰克逊五兄弟——打算离开摩城。而去见伯瑞·高迪，当着他的面说出我们要走，是我做过的最艰难的事之一。如果我们当中，只有我一个人对摩城不满，那我什么也不会说；但所有人在私下明明都已经对摩城极度不满，那我就必须站出来，告诉伯瑞·高迪我们的感受。

我很明确地告诉他，我在摩城很不开心。

请记住，我爱伯瑞·高迪。我认为他是一个天才，一个了不起的人，是音乐圈中的巨头大佬之一。我一直很敬佩他，但那天我却像吃了熊心豹子胆，对他直言不讳。我抱怨说我们在摩城根本没有自由可言，我们不被允许创作自己的歌曲，录制自己的唱片。而伯瑞·高迪则告诉我，他仍然认为我们只有靠制作人才能打造出热卖金曲。

但我知道，伯瑞是在说气话。那次谈话很不愉快，但我们最终还是言归于好。伯瑞对我仍然像一位父亲——他以我为荣，为我取得的成功感到高兴。无论发生什么事，我也将永远爱戴伯瑞。他的教诲对我的一生弥足珍贵。是他预言了杰克逊五兄弟将载入史册，而他也将预言变成了现实。那么多年，摩城推出了那么多艺人组合，而我们有幸成为由伯瑞亲手推出的组合之一，这令我对他感激不尽。如果没有伯瑞，我的生活将大不相同。是摩城开发了我们，支持着我们走上了职业道路。我们扎根于摩城，我们希望能一直留在摩城，我们感激摩城为我们所做的每一件事，但改变是不可避免的。我是个活在当下的人，我必须不停追问，事情会如何发展？现在会发生什么？将来发生的事会影响过去的一切吗？

对艺人来说，掌控自己的生活和工作是至关重要的。被控制的艺人最后都会出大问题。我学到的教训是，要避免这种情况发生，就必须坚持自己的信念，甚至不计后果。我们也可以留在摩城，但如果真的那样做了，我们就难免会像一首老情歌一样被时代抛弃。

我知道，作出改变的时刻到来了。我们追随自己的直觉，决心与另一家大唱片公司"史诗"（Epic）一起开始新的征程，而我们成功了。

当最终向摩城表明立场并挣脱束缚的那一刻，我们全都松了口气，然而杰梅因却打算留在摩城，这让我们大受打击。杰梅因毕竟是伯瑞的女婿，他的处境比我们其他人更复杂。杰梅因是个很有道德感的人，对他来说，留下比离开更重要。也正因为如此，他离开了我们的组合。

我清楚地记得杰梅因离开后的第一场演出，那对我来说是如此痛苦。自打我们登台以来——甚至早在我们还在加里市的家中排练的时候，杰梅因就一直抱着贝斯，站在我的左边。我是如此依赖有他在我的身旁。而如今我站在台上，身边空空荡荡，令我生平第一次感觉自己好像赤身裸体站在观众面前。为了弥补组合中这颗闪亮明星的离开，我们越发卖力演出，我记得那次表演过程中，观众三次为我们起立鼓掌。那一次，我们真的竭尽全力。

杰梅因离开后，马龙终于有了取代他位置的机会，也确实成为了舞台上闪耀的新星。小弟弟兰迪也正式接替我，成为了我们组合的小鼓手，如今他才是我们当中年龄最小的成员。

　　杰梅因离开的那段时间，我们还在拍一部愚蠢的夏播剧，这让我们的处境越发复杂。答应拍这部剧简直愚蠢透顶，拍摄过程的每一分钟都令我深恶痛绝。

　　我过去的确喜欢过《杰克逊五兄弟》的卡通剧。我曾经每周六一早起来就要说："我现在是个卡通人物了！"但我现在讨厌那部电视剧，因为它对我们的职业生涯根本有害无利。依靠唱片销量为生的音乐人去拍电视剧是最糟糕不过的决定，我一直在说："这会影响我们的唱片销售。"但其他人却说："不，它会让唱片大卖。"

　　结果他们大错特错。我们必须身穿滑稽的戏服，表演愚蠢的喜剧，背景中还有事先录好的罐头笑声。一切都假得不能再假了。我们根本没有时间去学习或掌握电视表演的任何技能，为了收视率，我们每天都必须编出三套全新舞步才能达标。这该死的尼尔森收视率指数就这么一周又一周地控制着我们的生活。我再也不会这么干了。这对音乐人来说这是一条死路。对观众来说，它会产生一种负面的心理作用：当你每周都出现在电视上，走进千家万户，变得家喻户晓，看似是提高了你的曝光率，但实际上观众耳熟能详的是你的喜剧形象，他们看到的是你在电视上伴着事先录好的罐头笑声装疯卖傻，而你的音乐则沦为背景。当你想重新做个正经的音乐人，重拾你的音乐事业时，你却发现自己的喜剧形象已经深入人心，在观众的印象中，你就是个装疯卖傻的搞笑艺人。你这周扮圣诞老人，下周

我们的一切都有伯瑞参与其中，包括 1971 年的戴安娜·罗斯的电视特别节目。

扮白马王子，下下周演一只兔子……这简直就是发疯，你把自己酷炫的音乐人形象毁于一旦，在不断扮演别人的过程中失去了自己的身份。我既不是喜剧演员也不是主持人，只是一个音乐人。这就是为什么我拒绝主持格莱美颁奖典礼和美国音乐奖颁奖典礼。这真的有意思吗？就因为我是迈克尔·杰克逊，我就要去主持颁奖典礼，讲一堆并不好笑的笑话，假装风趣幽默，逼得观众发笑？我很清楚，我本人可一点也不风趣幽默。

　　拍完电视剧后，我们还上了"环形大舞台"（theaters-in-the-round）。当然那个舞台并不会真的环形转圈，不然我们就要对着没人的空位唱歌了。我吸取了经验教训，在杰克逊五兄弟中，我是唯一一个没有再跟电视台续约拍摄下一季的人。我告诉父亲和兄弟们，拍电视剧是个巨大的错误，他们表示理解。实际上，早在拍第一季之前我就心存疑虑，但还是打算尝试一下，因为当时所有人都说这会是一段绝佳的经历，对我们的事业发展也大有好处。

　　在录制电视节目的过程中，最大的问题是时间安排过于紧凑，所有事情都挤在一起，要在很短时间内完成。你根本就没有时间把一切做到尽善尽美。时间表——安排紧凑的时间表——支配着你的生活，哪怕你觉得这一段拍得不好，也只能忘掉它继续去拍下一段。我天生是个完美主义者，凡事都想做到最好，我希望当人们看到我的表演时，能感受到我已经竭尽全力拿出最好的表现。我感到自己对不起观众，因为环形大舞台的演出秀其实准备得很不充分：舞台布景随意，灯光经常出错，就连我们的编舞都是匆匆忙忙赶出来的。然而不知为何，这场秀播出后仍然大受欢迎，有个电视台找乐队来跟我们唱对台戏，结果我们在收视率上完胜了他们。哥伦比亚广播公司很想留住我们，但我知道做这类电视节目是个错误，而结果也证明了这一点：我们的唱片销量因此下滑，我们花了一段时间才让销量得以回升。所以，当你感到有什么事不对劲，又必须作出艰难选择的时候，你就得相信自己的直觉。

　　在那以后，我就基本不参与电视节目了，我现在唯一能想起来的电视节目秀就是摩城25周年特别节目。伯瑞想让我加入，我起先一直拒绝，但他最终说服了我。我跟他说，我想表演《比莉·珍》，尽管这是整个特别节目中唯一一首不属于摩城的曲子，伯瑞却欣然同意。那时《比莉·珍》正在排行榜榜首。我和兄弟们为了参加这场秀而认真排练，火力全开，舞步是由我来编排的，我为此绞尽脑汁，但我很清楚自己想要《比莉·珍》在节目中所呈现出什么效果。哪怕忙于其他事情时，我的大脑仍然在编排舞步，而我有一种感觉，它们已经在我脑中逐渐成形了。我让人替我去搞了一顶黑色软呢帽——就像是间谍戴的那种帽子，我也不知道这顶帽子是买的还是租来的。节目录制当天，我将所有的舞步动作都连贯起来，一气呵成。我永远也无法忘记那个夜晚，当一曲终了，我睁开双眼，看到台下观众起立鼓掌，热烈的反响将我淹没其中。那种感觉真的很好。

从摩城到史诗唱片公司，我们唯一的"间歇"就是录制电视节目。而在拍摄过程中，我们就听说史诗唱片公司已经找了肯尼·伽姆伯[①]和利昂·哈夫[②]为我们录制唱片小样。我们被告知，电视节目一旦录制完毕，我们就会去费城录制唱片。

要说换公司最大的受益者，那必须得是兰迪。他现在成了杰克逊五兄弟中的一员了。但由于他的加入，我们就不能再叫"杰克逊五兄弟"了，何况摩城说，这个名字已经是属于摩城的注册商标，我们离开摩城之后就无权再使用。这也算是摩城对我们离开的强硬回击。所以自从那以后，我们就改名叫"杰克逊家族乐队"（The Jacksons）了。

在跟史诗唱片公司谈判期间，父亲跟费城唱片的人见了一面。我们一直都很喜欢肯尼·伽姆伯和利昂·哈夫监制的唱片，比如欧杰斯乐队的《背后捅刀子的人》（Backstabbers），哈罗德·梅尔文和蓝色音符乐队[③]（主唱是泰迪·潘德格拉斯[④]）的《假如你现在还不了解我》（If You Don't Know Me by Now），三度女子合唱团（Three Degrees）的《何日再相聚》（When Will I See You Again）等等热门金曲。他们告诉父亲，

---

① 肯尼·伽姆伯（Kenny Gamble，1943.8.11— ）：美国制片人。

② 利昂·哈夫（Leon Huff，1942.4.8）：美国作曲家。

③ 哈罗德·梅尔文和蓝色音符乐队（Harold Melvin and the Blue Notes)：美国歌唱组合。

④ 泰迪·潘德格拉斯（Teddy Pendergrass，1950.3.26—2010.1.13）：美国歌手。

他们一直在观察我们的发展，还对父亲说，他们不会干涉我们的演唱方式。父亲提出，我们希望新专辑中有一到两首自己创作的歌曲，他们也答应会好好评估我们原创歌曲的水平。

　　我们去见了肯尼·伽姆伯、利昂·哈夫和他们的团队——其中包括利昂·麦克法登和约翰·怀特黑德[①]，他们在 1979年录制的热门金曲《无可阻挡》（Ain't No Stoppin' Us Now）中充分展现了自己的才华。戴克斯特·万佐尔[②]也是团队一员。肯尼·伽姆伯和利昂·哈夫都是相当专业的音乐人，我有幸亲眼目睹他们是怎么为我们打造作品的，这对我后来自己创作歌曲有很大的帮助。在创作过程中，伽姆伯边唱，哈夫弹钢琴，而我通过旁观他们领悟了作曲之道。肯尼·伽姆伯是一名旋律大师，正是因为我看着他如何作曲，才会对旋律格外留心。当他作曲时，我会看得很仔细，像一只老鹰蹲在他的身旁，聆听他的每一个音符，观察他的每一个决定。他们来到我们住的酒店，演奏了整整一张专辑的曲子，而我们知道，这就是他们为我们的新专辑所挑选的歌曲——除此之外，新专辑中还有我们的两首原创歌曲。演唱那些歌曲的感觉真的很棒。

　　在拍电视秀的那段时间里，我们已经剪辑了一些自己录制

115

[①] 　约翰·怀特黑德（John Whitehead，1948.7.10—2004.5.11）：美国 R&B音乐家。

[②] 　戴克斯特·万佐尔（Dexter Wanzel）：美国费城当地艺术家。

的歌曲小样，但我们决定再等等——没有必要跟拿枪指着别人脑袋似的，逼人尽快作出决定。费城会让我们受益良多，我们也要为他们留点惊喜。

那时我们对自己最新创作的两首新歌——《带走忧郁》（Blues Away）和《生活方式》（Style of Life）深感自豪，以至于很难对外保守秘密。《生活方式》是由蒂托主导的即兴创造之作，跟《跳舞机器》的夜总会舞曲风格一脉相承，但在剪辑上我们做得比摩城时期更加精简，更具个性。

《带走忧郁》是我的早期作品之一，如今我已经不会再演唱这首歌了，但回首再听，这首歌也并不会让我感到丢人。如果真对自己过去的专辑那么厌恶，那我是无法在这条道路上坚持下去的。《带走忧郁》是一首轻快的曲子，唱的是一个人要如何克服内心的悲伤失落。我采用了杰基·威尔逊对于《孤独的泪水》的演绎方式，面带笑容地演唱这首歌，从而表达一个人是如何用强颜欢笑来掩盖内心的失意。

"杰克逊家族乐队"加入史诗唱片公司后的第一张专辑出炉了。当我们看到专辑封面时，不禁都惊叹起来，我们这一家人长得多像啊，就连蒂托看起来也是那么纤瘦！那时我也顶着"王冠头"，在兄弟之间看起来并不起眼。尽管如此，当我们在表演诸如《尽情享受》（Enjoy Yourself）和《指点迷津》（Show You the Way Go）之类的新歌时，人们还是能一眼就认出我就是一直站在左侧第二个靠前位置的那个。那时兰迪取代了蒂托的老位置，站在我的最右侧，而蒂托站在了杰梅因的老位置上。之前说过，我有很长一段时间都很难接受蒂托取代了杰梅因的位置，尽管那根本不是他的错。

我们的两首新单曲都很有意思——《尽情享受》是一支很棒的舞曲，获得了销量排行榜的第一名，我很喜欢里面的旋律吉他和号角声。不过以个人品位来说，我其实更加偏好《指点迷津》，它体现了史诗唱片对于我们如何演绎歌曲的尊重，当时我们全情投入录音之中，自认为这首单曲才是我们的最佳作品。我爱死了这首歌的打击乐部分，而弦乐部分犹如鸟儿展翅，飘浮环绕在我们周围。这支单曲居然没有大卖，可真是令我大失所望。

尽管我们不会明说，但能通过歌曲来暗示我们当时的处境。肯尼和利昂跟我们一起特意挑选了一首名叫《一起生活》（Living Together）的歌，这首歌唱出了我们的心声："只要我们团结在一起，我们就是一家人，尽情享受好时光吧，在你尚未察觉为时已晚。"这首歌的旋律跌宕起伏，有点类似于肯尼和利昂之前创作的那首《背后捅刀子的人》，它是"杰克逊家族"向外界传递出的信息——尽管这首歌曲本身并不是完全的"杰克逊家族乐队"风格。

肯尼·伽姆伯和利昂·哈夫为我们所写的歌曲足以让我们再出一张专辑，但过去的经验教训告诉我们，当他们发挥到淋漓尽致之时，就意味着我们会为了配合他们而失去自己的风格。我们很荣幸能够成为费城大家庭中的一员，但这对我们来说还不够。我们已经决定，要做多年以来一直渴望去做的事——由自己来掌控一切。这就是为什么我们必须回到恩西诺的录音棚，一家人在一起从头来过。

《云游四方》（*Going Places*）是我们在史诗唱片出的第二张专辑，在音乐风格上其实已经跟第一张专辑有了很大的区别。第一张专辑中充斥着大量舞曲，第二张的歌曲则更加富有意义。尽管我们也觉得用音乐来征服人心、宣扬和平是一种很棒的表现形式，但那些歌听起来更像是老欧杰斯乐队的《爱情列车》（*Love Train*），那并不是我们真正的风格。

不过，《云游四方》这张专辑里没有什么特别火爆的流行歌曲也未免是一件坏事——正因为如此，《不一样的姑娘》（Different Kind of Lady）这首歌才会脱颖而出，成为夜总会俱乐部的必播金曲。这首歌被放在专辑第一面的中间部分，夹在两首伽姆伯和哈夫所写的歌曲当中，被烘托得犹如一团扑面而来的烈火。它由真正的乐队伴奏，圆号的奏鸣带起一波又一波的高潮，这就是我们想要的效果。我们去史诗之前，在老朋友鲍比·泰勒的录音棚里录制小样时，想要追求的就是这种效果。肯尼和利昂为这首歌添加了最后几笔，就好像最后给蛋糕撒上了糖霜一样，而这个蛋糕是我们自己做的。

《功成名就》发行之后，父亲让我陪他去见了一次罗恩·亚历克森伯格[1]。是罗恩把我们签到哥伦比亚广播公司旗下，他对我们很有信心。我们希望能够说服他，我们已经准备好了做自己的音乐。我们认为，既然哥伦比亚广播公司已经看到了我们的原创能力，那么我们就可以开始做自己的音乐了。我们想要鲍比·泰勒当我们的制作人，鲍比是跟我们合作多年的好朋友，我们一致认为他才是最适合我们的制作人。史诗唱片让伽姆伯和哈夫担任我们的制作人，是因为他们过去制作出了热销唱片。但我们在销量上让他们失望了，这并非我们的过错。或许他们对我们来说不是合适的骑手，也或许我们对他们来说不是合适的马匹。即使如此，我们仍然以强烈的职业精神，竭尽全力做好我们能做的每一件事。

　　亚历克森伯格先生肯定早已习惯跟我们这样的音乐人打交道。他也肯定会在背后跟他的商业伙伴吐槽我们这些音乐人，就跟我们私下分享各自的故事时会吐槽这些生意人一样。不过父亲和我在音乐的商业化方面看法很一致：做音乐的人跟卖唱片的人并不是什么天生死对头。我渴望创造出经典的不朽之作，就像那些古典音乐家；但我也同样希望自己的作品广为流传，拥有尽可能多的听众。唱片销售也很在意艺人的作品好坏，他们也想让唱片销量达到最大化。那天我们坐在哥伦比亚广播公司的董事会会议室里，吃着精心准备的午餐，我们告诉亚历克

① 　罗恩·亚历克森伯格（Ron Alexenburg）：美国演员、制片人。

森伯格先生，史诗唱片已经尽其所能做到最好，但他们还是不够好。我们可以做得更好。凭我们的名气，还是值得哥伦比亚广播公司放手一搏、让我们做自己的音乐的。

当离开那栋被称为"黑石"（Black Rock）的摩天大楼时，父亲和我都没有说话。回酒店的路上，我们都沉默着，各自想着心事。该说的之前都说了，现在我们的职业生涯就赌在了这一次谈判上，我们把一切都摊到了台面上，尽管谈判双方都表现得彬彬有礼，但这实际上是一场激烈的交锋。或许多年之后，亚历克森伯格先生回想起那时的情景，也会为此会心一笑吧。

去纽约的哥伦比亚广播公司进行谈判时，我才十九岁。才十九岁，就已经重担在身。随着我们的事业发展，我的家人在需要作出创造性的决策时已经越来越依赖我的判断，为了我的家人，我也必须作出正确选择，为此我经常思虑重重。不过我也总算有机会做自己一直想做的事了——我将参演一部电影。讽刺的是，这个机会是在我们跟摩城分道扬镳之后才姗姗来迟的。

尽管那时，我们已经决定离开摩城，摩城仍然买下了在百老汇上演的《新绿野仙踪》（*The Wiz*）舞台剧的电影版权。《新绿野仙踪》改编自老版的黑白电影《绿野仙踪》（*The Wizard of Oz*）。我一直都很喜欢这部老电影，在我小时候，它每年都会在电视台上重播，而且每次重播的时间都是周日晚上。现在的孩子有录像带和有线电视，宽银幕电影随时想看就看，他们

大概很难想象，那时《绿野仙踪》在电视台上重播对我们来说可是一件大事。

　　我也看过在百老汇上演的舞台剧《新绿野仙踪》，那是绝对不会令你失望的精彩演出，我看了不下六七遍，最后还跟剧里的明星——饰演多萝西的斯蒂芬妮·米尔斯[①]成了好朋友。我告诉过她，我一直都坚信，她在舞台剧中的表演没能被搬上大银幕，绝对是一大憾事，她的表演让我哭了一遍又一遍。尽管我很喜欢百老汇的演出版本，但我从来没有想过自己去演舞台剧。拍摄电影或录制歌曲的时候，你可以对自己之前的表现作出评价，并且在之后加以改进，但你在舞台剧的现场表演中不会有这样的机会。每当我想起那些伟大的舞台剧演员，以及他们扮演的那些人们喜闻乐见的角色，我的心里就会一阵难过：他们输给了我们，仅仅是因为他们的演出没有或者没能被拍摄录制下来。

　　如果我那时想尝试舞台剧，就很有可能跟斯蒂芬妮一起登台表演。不过她的表演如此动人，我大概会在台上当着观众的面就哭出来的吧。摩城会买下《新绿野仙踪》的电影版权，在我看来只有一个理由，这也是最佳理由：戴安娜·罗斯。

　　戴安娜和伯瑞·高迪一直都很亲近，她对他和摩城也都一直忠心耿耿，但她也不会因为我们的专辑换了个厂牌商标就把

① 斯蒂芬妮·米尔斯（Stephanie Mills，1957.3.22—）：美国 R&B 歌手，百老汇歌手。

我们给抛之脑后。跟摩城分道扬镳之后，她仍然跟我们保持联系，甚至当我们在洛杉矶演出时，她还特地来跟我们碰面，给我们的演出提供建议。戴安娜将在电影中扮演多萝西，这是唯一一个确定了演员的角色，其他角色都还没有定下演员，因此戴安娜鼓励我去试镜。她还让我放心，说摩城绝对不会因为我们的离开而怀恨在心，故意不让我得到角色，如果需要的话，她可以亲自去找伯瑞要保证，不过她觉得其实根本不需要她出面。

她确实没有必要出面，因为让我参加试镜就是伯瑞·高迪本人的意思。他能想到我，让我感到十分庆幸，因为我对表演时出错一直心有余悸。我告诉自己，这就是我一直想做的事，这就是我一直想要的机会，我必须抓住它！拍电影就像是让时间定格，用胶片捕捉下那稍纵即逝的瞬间，剧中的人物由此永生，演员的表演和精彩的故事得以在世界各地代代流传。你能想象有人没有看过《怒海余生》（*Captains Courageous*）或《杀死一只知更鸟》（*To Kill a Mocking bird*）吗？拍摄电影本身也是充满乐趣的团队工作。我计划在不久的将来花很多时间拍电影。

我去试镜了稻草人，这个角色跟我是最契合的。演铁皮人，我会显得过于活泼；演狮子的话，我又过于瘦弱，所以我就锁定了稻草人这个角色，在台词和舞蹈中加入了不少自己的想法。当我接到导演西德尼·吕美特[1]打来的电话，通知我得到了这

125

---

[1]　西德尼·吕美特（Sidney Lumet, 1924.6.25—2011.4.9）：美国导演、制片人、编剧、演员。

个角色的时候，我既自豪又有些害怕：拍摄电影对我来说是头一回，而且我要为此离开家人、离开音乐数月之久。我去了纽约——拍摄现场就在那里，去哈林区感受《新绿野仙踪》需要的氛围，不过我并没有住在那里。我很惊讶地发现自己居然能一下子适应那种生活方式。能见到一大帮子过去只听说过名字却从来没有见过面的人，还挺让我乐在其中的。

拍摄《新绿野仙踪》的过程中，我从各个方面学习到了很多东西。作为一个音乐人，我已经是录制唱片的老手，但拍摄电影对我来说是一个全新的世界，我尽我所能地仔细观察着这一切，感到受益匪浅。

在这个人生阶段，我一直在自觉或不自觉地寻找着未来的人生目标，因为我已经长大成人，所以难免会感到压力和焦虑。我思量着各种选择，准备作出至关重要的决定。《新绿野仙踪》的片场就像一所大学校。拍摄电影那会儿，我的脸色还是一团糟，所以我很享受上妆的过程。电影化妆是件神奇的工作，除了周日不拍摄之外，我一周六天，每天要花五个小时上妆，等我们熟悉了整套上妆流程之后，上妆时间才缩短到了四个小时。其他人都很吃惊，我居然能忍受那么长的上妆时间，还丝毫都不会觉得厌烦。他们都恨死了上妆这件事，我却很享受在脸上涂涂抹抹、改头换面的感觉。我通过化妆变成了稻草人，这简直就是奇迹。我变成了另外一个人，进入角色就能逃离现实。那时会有孩子们来参观片场，我得像稻草人一样跟他们交谈，跟他们玩耍，这让我乐在其中。

过去想象拍电影，想到的都是自己如何在银幕上看起来光鲜亮丽的那一面，但是纽约片场的化妆师、服装师、道具师让我意识到电影还有神奇的另一面。我一直都很喜欢卓别林[①]的电影，他在银幕上看起来并不光鲜亮丽。我想让稻草人带上一点卓别林所扮演的那些角色的特质。我很喜欢稻草人的服装，从头到脚都喜欢：乱麻缠绕的双腿，西红柿般的鼻子，还有一头乱糟糟的假发。我一直留着稻草人穿的那件橙白色毛线衣，后来几年拍照的时候还用上了它。

这部电影中有大量精彩繁复的舞蹈动作。对我来说学会这些舞步完全不在话下，但我没有料到的是，我学得太快，对其他演员反而成了个问题。

127

我在很小的时候就很擅长模仿别人的舞步。别人只要跳一遍，我在一旁看着，就能立刻学会该怎么跳。其他人可能需要把整段舞蹈拆解开来，一个动作一个动作地去学习模仿，有的人还需要别人告诉他，这个动作腿该放哪儿，那个动作屁股该往右边挪，当你屁股往左边挪时，别忘了把脖子往另一边放……诸如此类。但我只要看到别人跳，自己就知道怎么跳了。

在拍《新绿野仙踪》的时候，我跟铁皮人、狮子还有戴安娜·罗斯在一起，跟着舞蹈指导学动作。他们都对我大为不满，

① 　查理·卓别林（Charlie Chaplin，1889.4.16—1977.12.25）：英国影视演员、导演、编剧。

我起先还不明白到底是怎么回事，还是戴安娜把我拉到一旁，告诉我，我让她很难堪。那时我还直愣愣地瞪着她，心里很是茫然：让戴安娜难堪？我？她告诉我，她知道我是无心的，但我一个人学得那么快，对于其他无法光看舞蹈指导跳一遍就能立刻学会的演员来说，就会显得很难堪。她说，舞蹈指导向我们展示了一段舞步之后，我就立刻站出来，跳得有模有样，而舞蹈指导让其他人也这么来一段时，他们却根本无法做到学得那么快。我们说着都笑了起来。不过打那之后，我就注意不要让自己显得那么不合群，跟其他演员之间的关系也缓和了不少。

我还学到了一点：电影行业中也有用心险恶的人存在。当我经常性地面对摄像机，要拍摄一场很严肃的戏的时候，就会有其他演员冲着我做鬼脸，企图让我笑场。我从小到大接受的训练都告诉我要具备职业精神，所以他们的做法在我看来就很低劣。那个演员明明知道我当天的台词很重要，他却故意狂做鬼脸，试图让我分心出错。我认为这样的举动已经不仅仅是有欠考虑那么简单了。

后来马龙·白兰度 [1] 告诉我，他在拍戏的时候也一直遇到这种事。

除此之外，我在片场基本上没遇到过什么麻烦。能那么近距离地跟戴安娜合作也让我倍感幸福。她是如此美丽，如此才

① 马龙·白兰度（Marlon Brando，1924.4.3—2004.7.1）：美国演员、导演。

华横溢，能跟她在一起拍电影对我来说是一段非常特别的经历。
我太爱她了。我一直都那么爱她。

　　尽管乐在其中，但在《新绿野仙踪》的整个拍摄过程当中，
我仍然压力很大，时不时感到焦虑。我记得很清楚，那一年的
7月4日，我在哥哥杰梅因家附近的海滩上玩耍，那里离他家
大概有半个街区的距离，我正在浪花里扑腾着撒欢儿，突然之
间就无法呼吸了。没有空气。什么也没有。我问自己，这是怎
么了？我让自己尽量不要慌张，我跑回家去找杰梅因，他带我
去了医院。结果相当夸张：我肺里的一根血管爆了。尽管出院
之后没有再复发过，但我总是会感到肺里有隐隐的抽搐刺痛，
我还以为那是自己的幻觉。后来我得知这种症状跟胸膜炎有关，
医生劝我放慢节奏好好休息，可惜我的日程表不允许。繁劳的
工作仍然主宰着我的生活。

　　我喜欢《新绿野仙踪》，就跟我喜欢老版电影一样。新版
电影的剧本跟百老汇上演的舞台剧版本在精神上是一致的，但
它呈现的内容更加丰富，比起老版电影，它提出了更多的问题，
也在电影中一一作出了解答。老版电影中的故事发生在童话般
的魔法王国里，而我们的这个版本则更贴近现实世界。孩子们
能从电影中找到他们生活中熟悉的一切，例如学校操场、地铁
车站等等，就好像多萝西住在一个真实存在的社区里。我至今

还会重温《新绿野仙踪》，重温那段回忆。其中有一场戏我特别喜欢，那是多萝西的提问，她问："是什么让我如此害怕？是我不知道自己到底是什么……"我在生活中也常常会有这样的感受，哪怕是在一生中最美好的时光当中，我也依然会感到不安。在电影中，多萝西唱着战胜恐惧的歌，昂首阔步向前进发。不管是她还是观众，都知道无论前方有什么艰难险阻，她都不会望而却步。

我的角色有不少台词，我也能从中学到不少东西。有一场戏，我被钉在挂稻草人的竿子上，一群乌鸦环绕着我，而我唱着《你赢不了》（You Can't Win）。那首歌唱出了稻草人的羞辱与无助——很多人在很多时候都会有这样的感受——尽管没有人真的动手阻止你前进，但人们不动声色的劝说会让你的不安暗中滋长，让你畏缩不前。这部电影的剧本写得很棒，台词充满智慧，我从稻草人身上可以学到很多知识与名言，尽管那时我还不知道应该如何去运用它们。我的稻草人身上有一切答案，但我却不知道问题是什么。

《新绿野仙踪》和老版电影的最大区别在于，在老版电影中，多萝西是从白女巫和她在奥芝国的朋友们那里得到了一切问题的答案，而在《新绿野仙踪》里，她是自己找到答案的。她对三个朋友的忠诚，她在战斗中的勇气，尤其是她在血汗工厂中勇敢对战埃尔维纳的那一幕，让多萝西成为了一个令人难忘的角色。我至今仍然记得戴安娜在扮演多萝西时所有唱过的

131

歌和跳过的舞，她的表演在我脑海中历历在目。她对多萝西的扮演堪称完美。在打败了坏女巫之后，我们一起欢乐地载歌载舞。在电影中与戴安娜一起跳舞的稻草人，就好像是我自己的人生故事的缩影：弯着膝盖到处走，"大脚丫"团团转，那就是小时候的我；在血汗工厂的桌上跳舞的那一幕则是此时此刻的我们：一切都在上升，我们在向前进。当时我跟父亲和兄弟们说，我要去拍电影，他们还觉得我会吃不消。但事实却恰恰相反。《新绿野仙踪》带给了我新的灵感和新的力量，问题是我应该拿这些去做什么？怎样才能最好地利用我在电影中所学到的一切？

　　正当我思考着人生的下一步应该怎么走的时候，一个与我的生活原本没有交集的人出现了，我与他相遇在《新绿野仙踪》的片场。那一天，我们正在布鲁克林进行排练，互相大声对着台词。我本以为记台词对我来说会极其困难，结果却令我喜出望外。每个人都跟我保证，记台词绝对比我想的要容易，结果还真是这样。

　　那天我们正在排乌鸦与稻草人的那场戏。除了我之外的其他演员都穿着乌鸦的戏服，就连头都无法露出来。他们已经能把自己的台词倒背如流。我也事先准备了自己的台词，但我在此之前还没怎么大声念过这部分台词。

　　按照剧本上的提示，稻草人会从身上的稻草中抽出一张纸条，读出纸条上的话。那是一条名言，结尾写着作者的名字——苏格拉底。我看过苏格拉底的作品，但从来没有把他的名字念出声来过。我念成了"索格拉底"，我一直都以为他的名字就是这么发音的。现场有片刻的沉默，我听到有人轻声说："苏－格－拉－底。"我回头望向那个人，他看起来有些眼熟，应该不是演员，但他也是片场的一员。我记得他有张友善的脸庞，看起来非常自信。

　　我对他笑了笑，因为念错了苏格拉底的名字而感到怪不好意思的。我感谢他帮我纠正发音。他的脸看起来真的很眼熟，我肯定在哪里见过他。他向我伸出手，证实了我的猜测：

　　"我叫昆西·琼斯[1]，负责本片的配乐。"

---

[1]　昆西·琼斯（Quincy Delight Jones, Jr, 1933.3.14—）：美国音乐制作人、电视制作人、作曲家。其职业生涯横跨五个年代，创纪录地获得 79 次格莱美提名和 27 次获奖。与迈克尔·杰克逊合作过大受欢迎的专辑。

第 四 章

我 与 Q

实际上，我只有十二岁的时候就在洛杉矶碰到过昆西·琼斯。后来昆西告诉我，那时小萨米·戴维斯告诉他"那孩子将来一定会成为大明星"，反正差不多就是这个意思。昆西那时的反应是："哦？是吗？"那时我还很小，不过我确实有印象，是小萨米·戴维斯把我介绍给Q的（昆西·琼斯的名字缩写为Q）。

不过我们真正成为朋友还是在《新绿野仙踪》的片场，这份友谊后来发展成为了父子般的情谊。拍完《新绿野仙踪》之后，我给他打电话，说："我准备做一张新专辑，你这边有什么制作人可以推荐的吗？"

我没有想要暗示什么。我的问题听起来很幼稚，但态度很诚恳。我们聊了一会儿音乐，他提供了几个制作人的名字，又半真半假地犹豫了一会儿，才说："不如我来当你的制作人吧？"

我真的没有想到他会这么说，可能在他听来，我这么问他就是在暗示想要他做我的制作人，不过我真的没有这个意思。我以为他不会对我的音乐感兴趣，所以结结巴巴地说："哦，太好了，真是个好主意，我之前怎么没想到呢？"

昆西至今还会拿这件事来跟我开玩笑。

不管啦，反正我们立刻就开始着手策划起新专辑来了，那张专辑的名字叫《疯狂》（*Off the Wall*）。

那个时候，我跟兄弟们决定要成立自己的公司，我们需要给新公司想个名字。

也许你平时很少会在报纸上看到关于孔雀的报导，但我在那时候就恰好读到了一篇关于孔雀的文章。我一直觉得孔雀是很美丽的动物，伯瑞·高迪的家里养了一只孔雀，我也很喜欢它。所以当我读到那篇文章——那上面还有一张孔雀的配图，以及大量关于孔雀性情的说明——我顿时兴奋不已，我想，我已经找到了可以代表我们新公司的形象。那是一篇深度报导，尽管有些地方写得很枯燥，但总体来说是一篇很有意思的文章。文章写道，孔雀只有在恋爱时才会开屏，那一刻它的羽毛闪闪发光，全身上下闪耀着不同的色彩，就好像身披彩虹一般灿烂。

我立刻就被这美丽的意象和其中的内涵给打动了。孔雀为爱而开屏，这恰是我一直在寻找的、象征着杰克逊家族成员彼此之间深厚感情的意象，而孔雀彩虹般色彩斑斓的羽毛，也很适合代表我们每个人的不同个性。兄弟们也很喜欢这个想法，所以我们的新公司就命名为"孔雀制作"（Peacock Productions），从而规避了我们总是过于依赖"杰克逊"这个名字的老问题。我们第一场世界巡演所关注的是"让所有种族的人通过音乐团结在一起"。有些人好奇我们要怎么"通过音乐把不同种族的人团结在一起"，毕竟我们这个组合可全都是黑人啊。我们的回答是"音乐是色盲"。每个演出的夜晚，我们都能见证到这一点，尤其是在欧洲和世界其他地方。我们所到之处的人们都喜欢我们的音乐，我们的皮肤是什么颜色，或者来自何方，对他们来说根本无关紧要。

　　我们创建自己的公司，是因为想要获得成长，在音乐界建立起我们的新形象：我们不再仅仅是歌手和舞者，还是词作者、作曲家、编曲、制作人甚至出品人。我们感兴趣的领域如此之多，才需要一个能够涵盖各个领域的公司来运营不同项目。哥伦比亚广播公司同意我们自己制作唱片——我们最近那两张专辑销量只能说不错，但《不一样的姑娘》所展现的潜力让他们认为我们往这个方向发展是值得一试的。他们只有一个条件：由他们派人来担任新公司的音乐总监。这个人就是鲍比·柯伦比[①]。

---

①　鲍比·柯伦比（Bobby Colomby，1944.12.20—）：美国制片人、演员。

他曾经跟 BS&T（Blood, Sweat and Tears）乐队合作过。他会时不时来检查我们的工作，看看我们是否需要帮助。我们自己也很清楚，要发挥出五个人的最佳潜力，还是需要我们之外的音乐人的。我们有两个薄弱环节：键盘和编曲。我们虔诚地购买了市面上所有采用最新技术的录音设备，运到了恩西诺的录音棚，但实际上自己并不怎么会用。格雷格·菲林加内斯[1]是个年轻人，他还算不上什么录音棚老鸟，但正是考虑到这一点，他才是最适合我们的人选。比起我们过去合作过的经验丰富的老手们，我们更希望跟擅长接受新事物的年轻人合作。

格雷格来到恩西诺为我们进行前期制作，之前先入为主的印象消失之后，我们彼此都给对方带来了惊喜。合作过程令人愉悦。我们把新歌的草稿交给他，告诉他，我们想要费城国际唱片采用的那种对人声的处理方式，但混音效果出来之后，我们却总是觉得不同的人声、键盘和打击乐的声音在打架。我们希望人声更清晰、节奏感更强、贝斯更低沉、小号更明亮。格雷格拿着草稿，按着我们的要求，编排出了优美的旋律，呈现出了我们想要的音乐效果。他跟我们心有灵犀。

那时还有个名叫波林诺·德·科斯塔的人跟我们一起工作，他是鲍比·柯伦比派来的。因为兰迪一直跟我们说他没法驾驭

---

[1]　格雷格·菲林加内斯（Greg Phillinganes, 1956.5.12—）：美国演员、作曲家。

所有类型的打击乐，我们难免有点担心。但是科斯塔的到来解决了这个问题，他带来了巴西桑巴，而且是在原始手工打击乐器的即兴表演版本上的改良升级版本。兰迪的流行打击乐加上科斯塔的异域风情，让我们听起来显得很有国际范儿。

从艺术角度来说，那时我们还真有些进退两难。我们在摩城和费城国际的合作对象是这个世界上最潮、最出色的音乐人，我们从他们身上学到了那么多东西，如果全部抛弃的话，那我们就是天大的傻瓜，但我们也不能完全模仿他们的风格。幸运的是，鲍比·柯伦比给我们带来了《都怪摇摆舞》（Blame It on the Boogie）。这是一首节奏明快、动感十足的歌曲，指明了我们的未来发展方向。这首歌唱起来也很有意思，我可以在上下嘴皮子都不碰到的情况下一口气唱出"都怪摇摆舞"这句歌词。在这张唱片的封皮内页还藏着一条有趣的信息：《都怪摇摆舞》由三名英格兰人创作，其中一人名叫迈克尔·杰克逊。这是一个惊人的巧合。不过后来我发现自己还真的有创作舞曲的天赋，这大概是因为我一直都需要把舞步编排进我要唱的歌当中去吧。

141

我们的未来充满了不确定性，但也同样充满了刺激。我们在创造和个人发展方向上都产生了很多变化——我们的音乐、家庭都发生了变化，每个人的渴望和目标也因此而变。所有这一切都促使我必须认真思考自己应该如何生活，尤其是跟同龄人相比，我肩负的责任一直都很重，但那阵子就好像突然之间每个人都需要我似的，搞得我根本没有自己的时间，而我必须要对自己的生活负责。所以我得好好估量一番自己的生活，搞清楚人们到底想从我这里得到什么，我应该为谁全力以赴。这对我来说不容易，但我必须对我周围的某些人心怀警惕，以免被他们利用。在我的心里，总是把上帝放在第一位，然后是我的父母和兄弟姐妹。这让我想起了克拉伦斯·卡特[1]的一首老歌，歌名叫《二亩三分地》（Patches），那首歌唱的是家中的长子在父亲去世后要肩负起打理农场的重担，他的母亲对他说，将来就全都指望他了。当然，我们家不是农民，我也不是长子，但歌中那副瘦弱的肩膀必须挑起生活的重担，而我也是如此。我总是很难拒绝我的家人和我所爱的那些人。当我被要求去做某些事、去承担某些责任时，我总是会不由自主地答应下来，哪怕那些是超出我能力范围的事。

142

　　我的压力太大了，导致我变得很情绪化。压力可以变得很恐怖，而你无法永远压抑自己的感受。那阵子有不少人得知我对电影的兴趣之后，都怀疑我一旦去拍电影，还能有多少时间和精力投入到音乐之中。也有不少人跟我暗示，说我们的组合刚刚起步，我这时跑去试镜可不是什么好时机。在外界看来，我专挑组合刚刚起步的时候去拍电影，这样很不好，但实际上我明明处理得挺好的。

---

① 　克拉伦斯·卡特（Clarence Carter，1936.1.14—　）：美国歌手。

《这就是你太客气的下场》（That's What You Get for Being Polite）就是我的宣泄方式。我知道自己不是生活在象牙塔里，我跟所有大孩子一样，内心充满着不安和疑虑。尽管正在攀上人生的高峰，但我仍然时刻担心自己在这个世界上所得到的一切都会转瞬即逝。

我们在史诗唱片出的第一张专辑里，有首伽姆伯和哈夫创作的歌曲名叫《梦想家》（Dreamer），我现在领悟了歌中的真正含义，才意识到他们写出了我的心声。我一直都是一个梦想家。我为自己设定目标、审视目标，思考如何达到目标，然后便会跨越一切障碍去实现目标。

1979 年，我二十一岁，开始完全掌控自己的职业生涯。那时父亲作为我的经纪人的合约到期了，我做出了一个艰难的决定：我没有和他续约。

炒掉自己的父亲不是一件容易的事。

但我确实对父亲处理某些事情的方式感到不满。把家庭和事业混在一起，本身就是一件很微妙的事，它有很棒的一面，也有很糟糕的一面，主要看你怎么处理和家人之间的关系。然而，即使在我们最顺利的时候，这一切也很难被理顺。

这会影响我们的父子感情吗？我不知道父亲心里怎么想，但在我看来是不会的。我知道自己必须迈出这一步，因为那时我开始察觉到，父亲作为我的经纪人，本应为我工作，但情况却恰恰相反，是我在为他工作。除此之外，我们在创造理念上也是南辕北辙，我完全无法赞同父亲提出的那些想法，因为它们根本就不适合我。我想要独立，想要掌握自己的生活，而我做到了，我也必须做到。在职业发展的道路上，你早晚都会迈出这一步，而我已经拖得够久了。虽然我只有二十一岁，但我已经有足够丰富的经验，都已经出道十五年了。

我们都希望尽快完成《命运》（Destiny）这张专辑，但那阵子我们开了太多的演唱会，我的嗓子哑了，以至于我们不得不取消一部分演出安排。尽管没有人为此责备我，但我仍然觉得自己拖了大家的后腿，毕竟那时我们正在为复出做准备，兄弟们为此竭尽全力，我却出了岔子。无奈之下，我们只能作出调整，好让我的嗓子不要太过吃力。马龙顶替我唱了那些需要拉长唱腔的乐段。新专辑的主打歌曲《（使劲）摇摆你的身体》［Shake Your Body（Down to the Ground）］成了我们现场表演的救星，因为在此之前，我们已经在录音棚内进行过即兴演唱的尝试。然而，在舞台上第一次献唱属于我们自己的音乐——而不仅仅是一首新歌，却无法做到尽善尽美，仍然令我沮丧万分。但在那之后不久，属于我们的时代还是到来了。

回顾往事，我意识到自己其实比兄弟们所期望的更有耐心。当我们在为《命运》进行混音的时候，我发现其中部分我感兴趣的东西被"抹杀"掉了，由于我不确定兄弟们是不是跟我一样在乎那部分内容，所以压根就没跟他们提起这件事。史诗唱

和伯瑞·高迪以及苏赞妮·德·帕塞在一起。

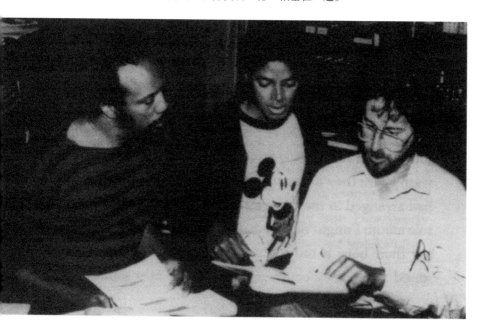

与昆西和斯蒂芬·斯皮尔伯格一起录制《E.T 有声故事》。

片在合同中提到，如果我打算出个人专辑，他们会为我进行打理。也许他们这么做是不想把鸡蛋都放在一个篮子里：如果杰克逊家族乐队的新唱片无法走红，那么他们至少可以对我个人进行包装打造。也许这么想显得有些多疑了，但经验告诉我，生意人就是这么势利，他们总是想着现在进展如何了，接下来会怎么样，要怎么做才能收回投资成本。我的猜测是符合他们的思维逻辑的。尽管我也不知道为什么当时自己会有这种想法，不过事实应该就是如此。

　　《命运》是我们最成功的一张专辑，我们做到了让人们只要看到我们的名字就会买我们的专辑，他们知道我们有多棒，知道我们的音乐有多棒，他们知道我们的每首歌都是精挑细选，我们的每张专辑都是精心制作。我希望我的第一张个人专辑也能做到这种程度。

　　我并不想让《疯狂》听起来像是《命运》的片段花絮，这也是为什么我想要找个局外人来担任我个人专辑的制作人，我希望制作人不要抱着先入为主的观念，预先设想好我的新专辑就该是什么样的。我也希望制作人有出众的鉴赏能力，能帮我一起替专辑选曲，毕竟我没有那么多时间自己动手去写唱片正反两面全部的歌，我也一时写不出那么多首能让我自己满意的歌。听众可不会满足于一张专辑里只有两首好歌，尤其是在迪斯科舞厅，他们的剪辑很长。我希望整张专辑能让歌迷们心满意足。

以上这些原因，让昆西成为了我当时能请到的最佳制作人。昆西的朋友们都叫他"Q"，因为他超爱吃烧烤①。后来，在我们完成了《疯狂》之后，他邀请我去他在好莱坞露天剧场举行的交响乐演奏会。那时的我就跟小时候一样，害羞地躲在舞台翼侧观看他的演出。他告诉我，他期待我能做得更好。从那时起，我们就互相激励着，彼此努力达到对方所期待的标准。

那天我打电话，请他推荐一名制作人的时候，他跟我提到了不少音乐圈里的人，比如某某可以跟我合作，某某跟我肯定不对付，他对这个圈子了如指掌：谁已经跟别人签约了，谁做事漫不经心，谁干活很赶，他全都一清二楚。他简直比洛杉矶市长还要了解洛杉矶，这也是他保持与时俱进的方式。作为一名爵士乐、交响乐和电影配乐大师，他站在流行音乐界之外，却又了解流行音乐界的一切，是一名不可多得的导师，我很高兴在我的圈子之外能有这么一位好朋友，而且恰巧还是我未来制作人的最佳人选。他不仅交友广泛，能联系到各路群英，还是一个很好的倾听者，他是一个非常杰出的人。

《疯狂》原本打算取名为《女友》，保罗·麦卡特尼②和

---

① 烧烤的英文 barbecue 的最后发音和"Q"一致。

② 保罗·麦卡特尼（Paul McCartney, 1942.6.18—），英国摇滚音乐家、创作歌手及作曲家。前披头士（1960 年—1970 年）及双翼乐队（1971 年—1981 年）乐队成员，琳达·麦卡特尼为他的妻子。

琳达·麦卡特尼[1]以此为名写了一首歌，而在那之前我甚至跟他们都还没有见过面。

保罗·麦卡特尼一直跟别人说，是我打电话给他，跟他说，让我们一起创作一首畅销金曲吧。

不过确切来说，我们并不是这样认识的。

我跟保罗·麦卡特尼第一次见面是在长滩的"玛丽女王"，他的女儿希瑟从某个人那里搞到了我的电话号码，打电话给我并邀请我去参加这个派对。她很喜欢我们的音乐，我们就在那儿聊了起来。后来，保罗·麦卡特尼结束了"双翼乐队"在美国的巡演，和家人一起回到洛杉矶，他们邀请我一起去参加在哈罗德·劳埃德[2]庄园举行的派对。我跟保罗·麦卡特尼初次见面就是在那儿。我们周围全都是人，我跟他握了握手，他说："你知道吗，我给你写了首歌。"我惊讶万分，连忙表示感谢。就是在那个派对上，他当场把《女友》唱给我听。

我们当时交换了电话号码，原本约好了下次见面谈合作，但我们各自都很忙，彼此的项目和生活也没什么交集，这么一耽搁就好几年没再联络。最后保罗把这首歌收录进了他自己的专辑《伦敦城》（*London Town*）之中。

然后，不可思议的事发生了。当我们制作《疯狂》时，昆

---

① 琳达·麦卡特尼（Linda McCartney，1941.9.24—1998.4.17）：美国摄影师，擅长拍摄摇滚圈歌手。嫁给保罗·麦卡特尼后继续从事音乐和摄影事业。

② 哈罗德·劳埃德（Harold Lloyd，1893.4.20—1971.3.8）：美国喜剧电影演员。

西某天来找我，对我说："迈克尔，我有一首歌特别适合你。"他开始弹奏《女友》给我听，完全不知道这首歌就是保罗给我写的。我如此告之他，他大吃一惊，也特别高兴。我们很快就录好了这首歌，把它加入专辑之中。这真是一个不可思议的巧合。

　　我和昆西一起讨论《疯狂》，谨慎地策划着我们想要在这张专辑中呈现的音乐效果。他问我，我最想要达到的效果是什么。我告诉他的是，我们必须要让这张专辑听起来跟杰克逊家族的专辑不一样。这话真的很难说出口，尤其是考虑到我们为了成就杰克逊家族付出了多少心血。但是昆西懂得我的意思，他跟我一起打造的新专辑达到了这个效果。其中畅销单曲《与你共舞》（Rock with You）就是我想要的那种歌，我唱起来得心应手，跳起来也如鱼得水。这首歌由罗德·坦普尔顿[1]创作，昆西是通过他跟"热浪"乐队（Heatwave）合作的《摇摆乐之夜》（Boogie Nights）认识他的。罗德写这首歌的本意是想要达到一种连续不断的降调效果，不过昆西的改编舒缓了这种冲击感，穿插其中的电子合成乐呈现出海螺中的浪涛声一般柔和的效果。我和昆西都很喜欢罗德的作品，我们最终请他为我度身定做了三首歌，其中就包括了专辑的标题曲目《疯狂》。罗德在精神上跟我是同一类人，他也觉得待在家里写歌、唱歌度

149

---

[1]　罗德·坦普尔顿（Rod Temperton，1947.10.9—）：英国作曲家、制作人。

过夜晚的生活要比出去过夜生活来得自在。我总是很惊讶的一点是，很多人似乎以为艺术家的创作都是基于真实的生活经历，或者至少作品能反映他或她的生活方式，但实际情况远非如此。我在创作中确实会参考自己的真实经历和感受，但同样也有大量灵感来源于我平时所读到的、看到的、听到的内容。艺术家的想象力才是他最伟大的工具，艺术家依靠想象创造出人们渴望进入的情绪状态，将人们带入一个与现实截然不同的世界。

在录音棚里，昆西会给编曲和乐手很大的自由度，让他们自由发挥，不过管弦乐的编曲演奏是个例外，那是他的领域，不容侵犯。在排录音棚的工作日程表时，我又加上了格雷格·菲林加内斯，他是《命运》制作团队的一员，我跟他曾经在恩西诺的录音棚合作过。除了格雷格之外，《命运》团队的保利尼奥·达·科斯塔也回来加入打击乐部分的创作演奏，而兰迪则在《满足为止》（*Don't Stop Till You Get Enough*）中友情客串了一把。

昆西的工作让人惊叹，他不会找只会惟命是从的人。我的一生都在跟专业人士打交道，所以能看得出哪些人只能勉强跟上我们的思路，哪些人真正富有创造力，哪些人敢于提出批判性的建设意见，同时也不会偏离我们的共同目标。我们找来了别名"轰雷手指"（Thunder Thumbs）的路易斯·约翰逊[1]，他

---

[1]　路易斯·约翰逊（Louis Johnson，1955.4.13—）：R&B乐队"The Brother Johnson"成员。

跟昆西在录制约翰逊兄弟的专辑时合作过。我们的全明星阵容中还包括了：瓦·瓦·沃特森[①]、马龙·汉德森、大卫·威廉姆斯，以及"十字军乐队"（The Crusaders）的拉里·卡尔顿[②]，他负责专辑中的吉他部分；乔治·杜克、菲利·阿普彻奇和理查德·希斯都是爵士、乡村爵士乐的个中翘楚，不过他们在为我录制专辑时并未显露出自己的音乐偏好，或许在他们看来我的音乐跟他们过去所熟悉的音乐类型不太一样吧。我和昆西共事起来很愉快，我们一起承担起责任，彼此之间经常沟通交流。

　　尽管昆西过去跟约翰逊兄弟合作过，不过在制作《疯狂》之前，昆西并没有多少制作舞曲的经验，所以我和格雷格一起又做了些调整，给《满足为止》《日夜操劳》（Working Day and Night）和《踏入舞池》（Get on the Floor）加上了一层厚重的音效。《踏入舞池》并没有作为单曲发行，但我却对这首歌特别满意，路易斯·约翰逊给歌曲的吟唱部分添加了足够柔和的底色，令我的声音在反复的和声烘托下逐渐增强，越发鲜明。昆西请来的调音师布鲁斯·斯维登又对混音版本进行了最后的修饰。这首歌至今听起来仍然令人心神愉悦。

　　《日夜操劳》是保利尼奥的炫技之作，开场便是我的人声

---

① 　瓦·瓦·沃特森（Wah Wah Watson，1950.12.8—2018.10.24）：美国传奇R&B吉他手。

② 　拉里·卡尔顿（Larry Carlton，1948.3.2—）：美国著名爵士乐吉他手。

口技在背景音中追逐着他花样百出的炫技音效。格雷格则特意将电子琴的音效调至原声乐器效果，从而避免产生任何电子回音。《日夜操劳》的歌词大意类似于《命运》专辑中的《我为你做的一切》（The Things I Do for You），不过就跟我之前提到过的那样更为精简。我希望让歌词尽量简单，不要喧宾夺主，音乐部分才是这首歌的精髓所在。

　　《满足为止》以贝斯烘托下的说话声作为开场，先制造出气氛，再以旋动的弦乐和打击乐带来令人惊艳的效果。我的人声部分在这首歌中也做了特别编排，通过层层加录的混合录音效果，我一个人的声音听起来就像是一个合唱团。这是因为我给自己写了个特别高的高音部分，但是光靠我自己的独唱达不到我脑海中想要的那种声音效果，所以我就借助编曲而非演唱来实现这个效果了。昆西对歌曲结尾部分的处理也很惊艳，他用吉他拨弦制造出了如同克林巴琴（非洲弹拨琴）般的音效。这首歌对我来说意义非凡，因为这是我自己创作的第一首完整的歌曲。《满足为止》也是我的重大机遇，它直接登上了销量排行榜的榜首，为我赢得了人生中的第一座格莱美奖。我很感谢昆西，他对我充满信心，是他鼓励我独自进入录音棚完成这一切，之后他也只对弦乐部分进行了修饰，为整首歌锦上添花。

　　情歌成就了《疯狂》，令这张专辑具备了迈克尔·杰克逊的个人特质。我过去也跟兄弟们合作过情歌，但我的兄弟们其实对情歌没多少热情，即使他们做情歌，也只是作为对我个人的妥协罢了。在《疯狂》这张专辑中，除了《女友》之外，还有一首节奏舒缓、旋律动人的情歌名叫《情不自禁》（I Can't Help It）。这首歌不仅记忆度很高，唱起来也朗朗上口，但跟另一首抒情歌曲《与你共舞》相比，《情不自禁》仍然算是一首有些另类的歌。

　　这张专辑中最热门的两首歌是《疯狂》和《与你共舞》。大量快节奏的舞曲令人喘不过气来，而这时正是以柔情细语拿下女孩的最佳时机。我喜欢以情动人，柔情款款，让害羞的女孩放下戒心，而非咄咄逼人，让她感到害怕。在《疯狂》中，我仍然采用了高音，《与你共舞》则更加接近我原本的音色，听起来更加自然。如果你要举行一个派对，那么这两首歌会吸引人们走进派对，而接下来节奏强烈的摇摆舞曲则会让人们尽兴起舞，最后带着好心情回家。不过《她离开了我》（She's Out of My Life）这首歌就有点太过私人化了，不太适合在派对上播放。

　　这首歌是为我自己而写的。有些时候，即使是跟很熟悉的女孩进行约会，我也很难做到含情脉脉地注视着她的双眼。我的恋爱很不顺利，想象中的美好结局从未到来，似乎每次都有什么在阻碍着我。你可以跟千百万人分享的东西，跟你在私下只跟另一个人分享的东西是完全不同的。很多女孩想弄明白我为什么要这样做——我为什么要这样生活、为什么要这样工作——她们总想钻进我的脑子里，总想从孤独中将我拯救出来，

153

然而她们的行为却让我觉得她们是要分享我的孤独，而这恰恰是我无法与人分享的东西。我坚信自己是全世界最孤独的人之一。

《她离开了我》想要表达的正是这种感觉：我感到有障碍把我跟其他人隔开，这些障碍看起来并不那么难以跨越，然而当我尝试着去跨越，却发现我无法做到，只能目送真正渴望的东西离我而去，消失在视线之中。汤姆·巴赫勒[1]为这首歌创作了一段优美的间奏，听起来犹如出自经典的百老汇音乐剧。在现实生活中，这样的问题本身存在并且很难解决，而这首歌就对应着现实，象征着无法克服的障碍。我们没有把这首歌放在专辑的开头或结尾，因为它太过压抑。这也是为什么史提夫的歌紧跟在这首歌之后。史提夫写的那首歌是如此温柔，就好像在试探着推开一扇紧闭的心门，而我仿佛如释重负一般唱着"噢——"。此时罗德写的《将这迪斯科燃尽》（Burn This Disco Out）则来为专辑画上句号，将人们从恍惚中唤醒。

但我自己却深陷在《她离开了我》之中。这种情况让我觉得歌中的故事就是现实——我还没有录完就失声痛哭起来，因为那些歌词突然之间对我产生了强大的影响力，而我过去一直把那种感觉积压在内心，直到那一刻才宣泄而出。那时我二十一岁，已经经历了足够丰富的人生，却很少有过真正快乐

---

① 汤姆·巴赫勒（Tom Bähler，1943.6.1—）：美国作曲家、演员。

的时光。有时我会觉得，我的人生经历就如同马戏团的哈哈镜里照出来的影像，光怪陆离，在这面镜子里我是个胖子，在另一面镜子里却瘦到脱形。我有些担心自己的这种情绪会在《她离开了我》中暴露无遗，但如果人们因此而被触动心弦，或许我也不再会感到那么孤独。

当我在录音最后情绪爆发的时候，只有 Q 和布鲁斯·斯维迪恩[1]在我的身边。我记得自己把脸埋进双手之间，整个录音棚里静悄悄的，只有机器运行的电流声和我的抽泣声在空气中回响。我哭完之后向他们道歉，但他们告诉我，我根本没必要为此道歉。

虽然《疯狂》最后大获成功，但录制过程却令我心力交瘁，那是我人生中最难熬的一段时间。我没有什么亲密的朋友，那时的我仿佛与世隔绝。我是如此孤独，以至于那段时间一直在我住的街区里走来走去，期待着遇到某个邻居可以跟我聊聊天，说不定我们就能成为朋友呢。我希望遇到的人根本不知道我是谁，我希望他会想跟我成为朋友，是因为他自己也需要朋友，是因为他喜欢我这个人，而不是因为我是迈克尔·杰克逊。我希望遇到这样的人，跟他交上朋友，不管他是谁，哪怕是街区里的小孩子也好，任何人都行。

---

① 布鲁斯·斯维迪恩（Bruce Swedien）: 杰克逊的长期录音师。

　　成功使人变得孤独，这是真的。人们会觉得你是那么幸运，你拥有了一切，想去哪里就去哪里，想干什么就干什么。但那些其实并不重要。一个人如果连最基本的情感需求都无法满足，他又如何会感到幸福？

　　如今，我已经学会去适应这一切，不会再像当初那样失落了。

　　我在学校里没有谈过恋爱。我也遇到过让我心动的女孩，但却不知道该如何接近她们。我太害羞了——我也不知道为什么——这真的很让人抓狂。有个我喜欢的女孩——她是我的好朋友，我很喜欢她，但我却因为太过害羞，始终没有告诉她。

　　我第一个真正的约会对象是塔图姆·奥尼尔[①]。我们是在日落大道上一家名叫"岩石上"（On the Rox）的酒吧里遇到的。我们交换了电话号码，两个人经常互相打电话，不管是在路上、在录音棚里还是在家里，我一跟她打电话聊起来就是好几个小时。第一次约会，我们去了休·海夫纳[②]的花花公子豪宅，两个人都玩得很尽兴。她第一次牵起我的手是在"岩石上"酒吧的那个晚上，那是我们第一次相遇，我坐在小桌旁，突然之间，

---

① 塔图姆·奥尼尔（Tatum O'Neal, 1963.11.5—）：美国女演员，是有史以来获得奥斯卡奖最年轻的人。

② 休·海夫纳（Hugh Hefner, 1926.4.9—2017.9.27）：美国实业家，《花花公子》的创刊人及主编，花花公子企业集团创始人兼首席创意官。

我感到一只柔软的手伸过来，握住了我的手。手的主人就是塔图姆。对别人来说，这只是一件无关紧要的小事，对我来说却意义重大。她触碰了我。这让我感触良多。在过去的巡演途中，也经常会有女孩来"触碰"我——她们隔着保安排出的人墙，一边尖叫一边企图抓住我。而塔图姆的触碰却是截然不同的，这是发生在我们两个人之间的事，这也是最美妙的事。

我们就此变得亲密起来，我爱上了她（她也爱上了我），有很长一段时间，我们都保持着亲密的关系，最后这份感情转化成了友情，至今我们仍然会聊天。我猜你会说她是我的初恋——在我爱上戴安娜之后的初恋。

当我听说戴安娜结婚的消息，我为她感到高兴，因为我知道这会让她高兴。尽管这对我来说很艰难，我得在跟人聊天时一直装出一副我为她嫁给一个我根本不认识的男人而兴奋不已的样子。我当然希望她幸福，但也得承认，我有点伤心、有点嫉妒，因为我一直都很爱戴安娜，我也将永远爱她。

我爱过的另一个人是波姬·小丝[1]。我们有过一段认真的罗曼史。其实我的生活中不乏优秀的女性，但我不会在书中提及她们的名字。她们不是名人，也不习惯暴露在公众视线之中，将她们的名字曝光是很不公平的。我很看重自己的隐私，也同样尊重别人的。

---

[1]　波姬·小丝（Brooke Shields，1965.5.31—）：美国女演员、作家、模特。

　　我也一直很珍惜和丽莎·明奈利 ① 的友情。她就像是我演艺事业上的好姐妹。我们在一起，一谈起生意来就滔滔不绝，不管吃饭还是睡觉，我们都沉浸在歌唱和舞蹈之中。我们在一起度过了美好的时光。我也很爱她。

　　完成了《疯狂》的制作后，我立刻又和兄弟们投入了《凯旋》（*Triumph*）的制作之中。我们希望在接下来的巡演之中能挑选出这两张专辑中的精华，将它们结合在一起呈现给歌迷。《你能感觉到吗？》（Can You Feel It?）是《凯旋》的开篇曲目，它是最接近于杰克逊家族过去作品中的那种摇滚范儿的，但它并不是一支真正的舞曲。我们设想把它作为巡演的开场录像配乐，有点像是属于我们自己的《查拉图斯特拉如是说》② 的感觉。我和杰基想把乐队演奏和福音赞美诗、儿童唱诗班的人声结合在一起。某种意义上，这是哈夫和伽姆伯会欣赏的风格，因为这首歌的主题就是让爱降临世界，净化世间罪孽。尽管兰迪对自己的声域不太满意，但他在这首歌中的演唱部分真的很出色，当我们一起演唱时，他采用的换气和断句方式让我的脚指头都要为之起舞。配乐方面，我希望让键盘手演绎出雾笛般明快的

159

————————

① 　丽莎·明奈利（Liza Minnelli, 1946.3.12—）：一位全方位艺人，从百老汇音乐剧、电影、电视到歌唱无处不在。

② 　理查德·斯特劳斯于 1896 年创作了名为《查拉图斯特拉如是说》的交响诗，库布里克在《2001 太空漫游》的电影开篇使用了这首交响诗的乐段来奠定整部影片的基调。

音效，以至于在那上面花了数个小时之久来反复调试，直到我得到想要的效果为止。整首歌长达六分钟，而我认为一秒都不能少。

《可爱的人》（Lovely One）主要是《（使劲）摇摆你的身体》的风格延续，以及少量的《疯狂》元素。而在杰基的主打歌《你的方式》（Your Ways）之中，我采取了更为清新缥缈的演绎方式，来配合键盘制造出的渐行渐远的音效。保利尼奥则搬出了他的十八般武器：三角铁、骨鼓、大锣等等轮番上阵。这首歌讲的是一个特立独行的女孩，你除了为她神魂颠倒之外什么也做不了。

《每个人》（Everybody）作为一支舞曲要比《疯狂》的曲调更加富有娱乐性，迈克·麦金尼创作的旋律如同一架全力推进的飞机盘旋俯冲而至，背景的人声部分有点受到《踏入舞池》的影响，但是昆西制作的音效更为深沉，令你犹如置身暴风眼中，而我们的音效则更加轻松，就好像你坐着透明玻璃的观光电梯登顶之后一览众山小。

《时不待人》（Time Waits for No One）是杰基和兰迪专门为我的声音和音乐风格打造的歌曲。他们知道自己正在努力追赶《疯狂》的词曲作者，最终他们拿出的作品也非常出色。在《放弃执念》（Give It Up）这首歌中，我们每个人都得到了一展歌喉的机会，尤其是马龙。不过这让我们再次迷失了自己的风格，又落入了费城的俗套之中，让编曲的炫技压过了我们的个性。《现在就走》（Walk Right Now）和《不知是谁》（Wondering Who）是最接近于《命运》风格的两首歌，不过这两首歌总体上也有着人多反而坏事，因为编曲太过用力而显得缺乏特色的毛病。

　　《心碎旅馆》（Heartbreak Hotel）算是一个特例。我发誓在写这首歌的时候，脑子里蹦出来的就是这个词组，我没有联想到任何别人的歌曲。为了避免跟猫王的名曲撞车，唱片公司在唱片封面上印的歌名是《此地旅馆》（This Place Hotel）。猫王在音乐界是个举足轻重的大人物，无论是对白人还是黑人来说都是如此，但我的音乐并没有受他的影响。他对我来说太过早期了，也或许只是时机不对。我们的歌曲推出之后，人们觉得我要是继续过着离群索居的生活，我早晚会跟猫王一个死法。我不会去在乎这种比较，也不会被这种话给吓到。尽管我对猫王是如何走上自毁之路也很好奇，但我自己是绝对不会步他后尘的。

　　拉托娅受邀贡献了歌曲开头部分的尖叫——我得承认，这对她的歌手事业来说算不上是一个好开端，但她还是照做了。她后来出了不少好唱片，获得了很不错的成就。她帮我们录制的尖叫声可以把人从噩梦中吓醒，不过我们的目的是让尖叫成为梦幻的开端，让听众好奇这一切到底是梦境还是现实。我觉得我们确实达到了这个效果。三位伴唱的女歌手在录制这惊悚的背景音效时都觉得这很搞笑，不过她们在混音带里听到自己

163

HEARTBREAK HOTE

Words and Music by MICHAEL JACKSON

Recorded by THE JACKSONS on Epic Reco

MICHAEL   TITO   RANDY   JACKIE   MARLON

的声音之后就不这么想啦。

　　《心碎旅馆》是我最得意的作品。我认为它在各个方面都很出色：你可以随之起舞，随之歌唱，这首歌会令你心生恐惧，它会让你专心聆听。在歌曲的结束部分，我不得不采用舒缓的钢琴和大提琴乐段来平复听众的情绪。我觉得如果不能将听众拉回现实之中，令他们重新感到安全，那就没有必要让他们产生恐惧。《心碎旅馆》中有一种复仇的情绪，而复仇的想法总是令我很着迷。我也不理解为什么会这样。让某些人为他们的所作所为付出代价，或者仅仅是在想象之中让他们对你为他们所做的一切付出代价，对我来说都是全然陌生的念头。这首歌反映了我的恐惧，并帮助我暂时战胜了恐惧。毕竟在这个行业当中，确实有很多人犹如嗜血的鲨鱼一般到处搜寻着牺牲品。

165

　　这首歌和后来的《比莉·珍》对女性的描绘都偏向于负面，但这并不代表我个人对女性的态度。毋庸置疑，我喜欢两性之间的吸引互动，这是人之天性，我喜欢女人。我只是认为把性当成敲诈勒索的工具或是滥用权力的对象，这种行为简直是对上帝的礼物的亵渎。

　　《凯旋》在无形之中带给了我们呈现完美舞台表演所需的最终能量。我们与巡演乐队开始排练，这其中包括了贝斯手迈克·麦金尼。大卫·威廉姆斯也会跟我们一起进行巡演，但他实际上已经算是乐队的固定成员了。

接下来的巡演是个大工程。我们请了大魔术师道·亨宁[1]来为我们设计舞台特效。我希望能在《满足为止》一曲终了时化身一缕烟雾消失在舞台之上，而道·亨宁会跟负责舞台装置的人员共同协作来完成这一特效。我很喜欢在排练时找他聊天，觉得自己好像占了大便宜，因为他把关于魔术的秘密全都告诉了我，而除了钱之外，我无以回报。为此我还挺不好意思的，但为了我们的演出效果尽善尽美，我还是得打破砂锅问到底。我知道亨宁会让我们的演出变得无与伦比。我们那时正在跟地风火乐队（Earth, Wind and Fire）以及海军准将乐队（The Commodores）争夺美国顶尖乐队的位置，我们知道，有不少人觉得杰克逊兄弟已经出道十年之久，是时候让出舞台了。

我一直在为这次巡演的主题冥思苦想，我希望它能有种类似于《第三类接触》（*Close Encounters of the Third Kind*）的感觉，我希望传达给人们在时空之外自有生命和意义的理念。孔雀在那儿开屏，鲜艳夺目，自豪地展现自我。我希望我们的开场影片也能传达出这样的理念。

我对《疯狂》这张专辑所呈现的超时代的节奏技术和它所带来的成功深感自豪，但 1979 年格莱美奖提名的公布却当头泼了我一桶冷水。尽管《疯狂》是那一年的年度畅销专辑之一，

---

① 道·亨宁（Doug Henning，1947.5.3—2000.2）：出生于加拿大的魔术师。

却只得到了一项提名：最佳 R&B 表现奖。我还记得自己听到这个消息时的情景。我感到自己遭到了同行的忽视，这令我伤心不已。而人们告诉我，其实业内对这个结果也大为吃惊。

　　我大失所望，但一想到即将问世的新专辑，又重新振作起来。我对自己说"等下一回吧"——他们绝对无法忽视我的下一张专辑。我在电视上观看了颁奖典礼，能在自己的领域里拿个奖感觉也不错，但我还是为自己遭到同行的否认而生气不已。我不断地想着"下次，下次我一定要拿奖"。从很多方面来讲，艺术家就等同于他的作品，两者是密不可分的。我在创作时会尽量做到客观，如果有哪里不对劲，我也会及早发现，尽力调整，而作品——无论是单曲还是专辑——一旦问世，就代表着我已经把我的全部心血天赋倾注其中了。《疯狂》明明很受歌迷的欢迎，这也是为什么格莱美奖的提名会令我如此伤心。那次经历在我的心中点燃了一把火，我脑子里全是如何做好下一张专辑，我一定要让它精彩绝伦。

167

第 五 章

月 球 漫 步

《疯狂》于 1979 年 8 月问世，那个月我正好二十一岁，开始掌控自己的人生，对我来说它就像是人生中的里程碑。这对我来说意味着很多：它最终大获成功，扫清了怀疑的阴云，证明了一个前"童星"在长大之后也能成为一名成熟的音乐人，在当下获得世人的认可。《疯狂》在我们原本打造的舞曲风格上更进一步。从我们一开始制作这张专辑，我和昆西就谈过在录制过程中抓住激情、注入强烈情感的重要性。我至今觉得《她离开了我》这首情歌就做到了这一点，而《与你共舞》虽然也包含激情，却要略逊一筹。

回顾往事，我才能看得更加全面，我清晰地意识到是《疯狂》帮我打下了基础，为我创造出《颤栗》这张专辑做好了准备。

昆西、罗德·坦普尔顿，还有许多其他参与了《疯狂》的音乐人，是他们帮助我实现了长久以来的梦想。《疯狂》在全美销量接近六百万张，但我还是渴望创造出销量更高的唱片。当我还是一个小男孩的时候，我就一直梦想着打造出全世界销量最高的唱片。我记得小时候自己去游泳，跳进泳池之前都会这么许愿。要记得，我可是从小在这个圈子里长大的，我很清楚自己的目标，也早早被告知什么是有可能实现的，什么是根本不可能做到的。但我仍然想做到独一无二。我伸出双臂，仿佛将梦想送上天空，我许下愿望，然后跳入水中。在每次潜入水中之前，我都会告诉我自己："这就是我的梦想，这就是我的愿望。"

我相信许愿这回事，是因为我相信个人的能力能够将梦想变为现实。我是真的相信。所以每次我看到落日，都会飞快地在太阳从地平线上消失之前悄悄许愿，就好像太阳能带走我的愿望。我会在它的最后一束光芒消失之前许下愿望。而我的愿望不仅仅是愿望，也是我的目标。许愿能在有意无意之间帮助你实现目标。

我记得那时我跟昆西还有罗德·坦普尔顿在录音棚里录制《颤栗》，我正在玩弹球机，他们其中一个人问我："如果这张专辑的反响没有《疯狂》那么好，你会不会失望？"

我顿时就生气了——我感到很受伤，因为他根本就不该这么问。我告诉他们，《颤栗》必须得比《疯狂》做得更好。我承认，我就是想让这张专辑成为有史以来销量最高的专辑。

他们哈哈大笑，觉得这好像是个根本不可能实现的愿望。

在录制《颤栗》的过程中，我经常会变得很情绪化，我会很不开心，因为跟我一起工作的人看不到我所展望的目标。这样的事至今还是屡见不鲜。通常人们就是看不到我所看到的目标。他们内心有太多的怀疑，而当你自我怀疑的时候，你是无法做到最好的。如果连你都不相信你自己，还会有谁相信你？只是做到跟上一次一样好是不够的。我认为这就是所谓的"力所能及"的心态，而这种心态不会要求你更上一层楼，不会令你获得成长，我就是不信这一套。

我相信我们都有很强的能力，却并没有让自己的大脑物尽其用。要相信，你的大脑足以帮你取得你想获得的任何成就。我就知道我们能做好这张专辑。我们有一支很棒的团队，有才华横溢的音乐人，有精彩绝伦的创意，我们是无所不能的。《颤栗》最终获得了成功，把我的诸多梦想变成了现实：它真的成为了有史以来销量最高的唱片，而且还上了吉尼斯世界纪录。

《颤栗》的录制过程非常辛苦，但有付出才有回报。我是一个完美主义者，会工作到自己撑不住为止。为了这张专辑，我更是全力以赴。在录制过程中，昆西展现出了极大的信心，这对我很有帮助。我猜，正是我在《疯狂》中的表现向他证明了我的能力。在录那张专辑时，昆西也认真聆听了我的想法，尽量帮我实现我想要达到的效果。但在录制《颤栗》时，昆西对我更是信心十足。他意识到我有充分的自信和充足的经验来

173

1987 年，世界巡演的开场。

完成这张专辑，也正因为如此，他才不需要时刻待在录音棚里
盯着我们工作。我对自己的作品向来充满信心，一旦开始着手
做一个项目，我就对它有百分百的信心。我会全身心投入其中，
会为它赴汤蹈火，我就是这样的人。

　　让一张专辑中的快歌与慢歌的比例和顺序达到完美平衡是
昆西的拿手好戏。在制作《颤栗》时，我们开始和罗德·坦普
尔顿一起为《颤栗》创作歌曲，而这张专辑最初叫作《星光》
（*Starlight*）。与此同时，我自己在写歌，昆西则从别人写的歌
中挑选出适合我们这张专辑的曲子。他很清楚我喜欢什么样的
歌，什么样的歌适合我来唱。我们在录制专辑方面的理念完全
一致：我们才不信什么 B 面的歌曲就可以马马虎虎，专辑曲目
是用来凑数的这套玩意儿。对我们来说，一张专辑中的每支歌
都应该达到单曲水准，我们总是以此为目标而努力。

　　其实那时我自己已经写了几首曲子，但直到看过其他人写
的歌之后，我才把自己的作品给昆西看。我写的第一首歌是《挑
起事端》（Wanna Be Startin' Something），在录制《疯狂》的
时候我就已经完成了这首歌，但我一直都没有拿给昆西。有时
候，我写的歌自己特别喜欢，却反而不敢拿出来给别人看。就
连《避开》（Beat it）都是藏了好久才敢在昆西面前唱给他听。
他一直跟我说，我们这张专辑需要一首出彩的摇滚曲目，他会
说："来吧，它在哪儿？我知道你已经写好了。"我喜欢自己
写歌，但羞于唱给别人听，因为我担心别人会不喜欢我的歌，

这会让我很痛苦。

他最终说服了我让他听听我写的歌到底怎么样。我拿出了《避开》，我唱给他听之后，他简直为之疯狂，而我感觉自己就像是置身于世界之巅。

我们准备开始着手制作《颤栗》那会儿，我给在伦敦的保罗·麦卡特尼打了个电话。这回我是真的说了："我们一起合作写点啥吧。"我们共同创作了《说，说，说》（Say Say Say）和《这个女孩属于我》（The Girl Is Mine）。

我和昆西最终选了《这个女孩属于我》作为专辑的首发单曲。我们真的没有太多选择。这是一首由两位重量级歌手共同演绎的作品，它必须是首发单曲，不然会引发过多话题和过度曝光，我们必须防止这种情况发生。

我去找保罗合作是为了回报他曾经为《疯狂》贡献了《女朋友》这首歌。我写了《这个女孩属于我》，觉得这首歌很适合我跟他来共同演绎。另一首我们共同演绎的作品是《说，说，说》，了不起的披头士制作人乔治·马丁在后期加入进来，跟我们一起完成了这首歌的创作。

保罗是《说，说，说》的共同创作人，他在录音棚里能玩得转各种乐器，每种乐器的伴奏曲谱他都能写，而我这后生就没他那么能干了。不过我们在创作过程中是平等的，合作也很愉快。保罗从来不会在录音棚里强行要我听他的意见。这次合作也真正增强了我的自信心，因为昆西·琼斯没有在一旁盯着

与妹妹拉托娅一起拍摄《说、说、说》的 MV。

我，随时纠正我的错误。我跟保罗在怎么玩转流行歌曲方面的理念非常一致，跟他合作真是一种享受。我感觉自从约翰·列侬 ① 去世之后，人们就对保罗寄予厚望，但实际上他们根本没有权力对他提出那么多要求。保罗·麦卡特尼已经为这个行业和他的歌迷贡献良多。

我最终会买 ATV② 的音乐版权目录，其实是因为那里面有大量列侬和麦卡特尼的歌曲。很多人都不知道，是保罗把我引入音乐版权行业的。那段时间，我住在保罗和琳达的乡间别墅，保罗跟我说起他在音乐版权这一行里的浸染。他递给我一本小册子，封面上印着 MPL 的字样。他微笑着看我打开小册子，因为他知道那里面的内容会让我大为兴奋。那里面有保罗所有的歌，他花了很长时间才买下这些歌的版权。我过去从来没有过购买歌曲版权的念头，但我看到 ATV 出售音乐版权的目录中有列侬和麦卡特尼的歌曲时，我就决心要尝试把它们给买下来。

我认为自己只是个音乐人，只是凑巧才成为了商人。我和保罗都深深体会到版权的重要性，以及要维护词曲创作者的尊

① 约翰·列侬（John Lennon，1940.10.9—1980.12.8）：英国歌手、音乐家、诗人、社会活动家，著名摇滚乐队"披头士"成员。

② ATV（Associatcd Television），"联合电视"是一家成立于 1955 年的英国电影广播公司，经 20 年的一系列并购，逐步扩展为一家娱乐公司。1969年，ATV 收购了拥有一系列列侬 – 麦卡特尼版权曲库的出版商"北方歌曲"（Northern Songs），这个曲库几乎包括了由约翰·列侬和保罗·麦卡特尼所创作的每一首歌曲。

严有多不容易。词曲创作应该被当成流行音乐的血液来重视、对待。创作过程不应该被时间或预算限制，而应该根据灵感来进行并且坚持到底。有个我从没听说过的人指控说《这个女孩属于我》不是我的作品，我很乐意站出来为我的名誉而战。我表示，我的很多灵感都来自于梦境，有些人就认为我是在避重就轻地认罪，但我说的是实话。在这个充斥着律师的行业当中，为你根本没有做过的事而被起诉，也算是成名的必经之路，我就把它当成跟赢得"业余者之夜"一样的成长经历来对待了。

《比莉·珍》差点被改名为《不是我的爱人》（Not My Lover）。《比莉·珍》是我最早想出来的歌名，但是昆西反对把这首歌叫《比莉·珍》，他认为这会让人们联想到网球运动员比利·简·金[1]。

很多人都问起过我"比莉·珍"到底是指谁，答案很简单：这首歌就是单纯在讲有个女孩宣称"我"是她孩子的父亲，而"我"在为我的清白辩解，因为"这不是我的孩子"。

我的现实生活中并没有真的遇到一名叫作"比莉·珍"的女孩（除了那些在这首歌之后找上门来的），歌中的女孩是这些年来纠缠着我们，跟瘟疫一样令人避之不及的女孩们的缩影集合。歌中的事曾经发生在我的几个哥哥身上，我当时还很不

---

[1]　比利·简·金（Billie Jean King, 1943.11.22—）：历史上最伟大的女子网球选手和女性运动员之一。

解，为什么那些女孩明知他们不是孩子的父亲，却能口口声声说自己有了他们的孩子？这种事也能撒谎吗？到现在还有女孩跑到我们家门口，莫名其妙地说"我是迈克尔的妻子""我刚刚弄丢了我们家的钥匙"。有个姑娘简直让我们抓狂，我相信在她的臆想之中，她真的跟我在一起过。还有个女孩宣称我跟她上过床，还以此要挟我。在我们位于海文赫斯特住宅的大门前还发生过几次严重的扭打，当时情况还挺危险的：那些人对着大门口的对讲机大喊大叫，宣称自己是上帝派来的，是耶稣让他们来跟我说话的。这也太离奇了，而且非常令人不安。

　　音乐人自己是知道什么样的歌会走红的。这首歌带给你的感觉必须对味，一切都必须到位，完成它能让你感到满足，唱起它让你感到快乐。这就是我对《比莉·珍》的感觉。我在写

183

这首歌的时候就很清楚，它一定会大卖。当时我完全沉浸在创作之中，有天在录音间隙，我开着车行驶在文图拉高速公路上，身边坐着纳尔逊·海耶斯[①]，那段时间他跟我一起工作。我满脑子都是《比莉·珍》。在我们快驶离高速公路的时候，有个男孩骑着摩托车追上我们的车，说："你们的车着火啦！"这时我们才猛然注意到车身浓烟滚滚，我们停下车，发现劳斯莱斯的整个车尾都烧了起来，一旦发生爆炸，我们很可能就此丧命，幸好那个男孩提醒了我们，可谓是救了我们的性命。但我当时

---

① 　纳尔逊·海耶斯（Nelson Hayes）：MJ 世界巡演的舞台总监。

还沉浸在脑海里的旋律之中，压根没有意识到刚才的情况有多危险，甚至当有人赶来帮忙，而我们另寻他法赶赴原定目的地的那一路上，我的脑子里仍然还在编曲，在想着要为这首歌再加点料。我当时就是如此沉迷在《比莉·珍》中。

在我创作《避开》之前，我就想着要创作出自己会有购买冲动的那种摇滚歌曲，而它的风格应该跟当时收音机里播放的"Top 40 摇滚金曲"截然不同。

我在写《避开》的时候，脑子里想到的是学校里的孩子们。我一直热衷于创造能够被孩子们所喜爱的歌曲。为孩子们创作歌曲是一件很有意思的事，他们是流行音乐的主要受众，你必须了解孩子们的喜好，他们可不好糊弄。孩子们也是我最重要的听众，我非常在乎他们，对我来说，不管销量如何，只要孩子们喜欢的歌就是好歌。

《避开》的歌词想表达的是我在陷入麻烦的时候该怎么做。它所传达的信息——我们应该对暴力深恶痛绝——是我所深信不疑的理念。我想通过歌曲告诉孩子们，放聪明点，别给自己惹麻烦。这不是说你应该打落牙齿往肚里咽，但除非你已经退无可退，否则宁可直接走开也不要采用暴力。如果你在斗殴中被杀，你不仅什么也没得到，反而失去了一切，成了彻头彻尾的输家，也会令爱你的人伤心欲绝。这就是《避开》想要传达的信息。对我来说，真正的勇敢不是采用暴力来解决纷争，而是运用智慧来解决问题。

Q 给艾迪·范·海伦[1]打了电话，由于电话信号不好，艾迪没能听出昆西的声音，他坚信是有人冒充昆西给他打骚扰电话，所以直接挂断。昆西再次打过去才解开误会。艾迪答应加入我们，他为《避开》贡献了精彩绝伦的吉他演奏。

加入我们团队的最新成员是托托乐队（Toto），他们曾经创作出畅销唱片《罗莎娜》（Rosanna）和《非洲》（Africa），在组成乐队之前，他们每个人都是名声在外的音乐人。他们经验丰富，熟悉录音棚的工作流程，知道什么时候应该各自为战，什么时候应该听从制作人的安排，跟团队进行合作。史蒂夫·波卡罗[2]是托托乐队的吉他手，他之前就抽空参与过《疯狂》的录制，这一次，他把乐队成员都带了过来。音乐学家都知道托托乐队的队长大卫·派奇[3]是马蒂·派奇[4]的儿子，他的老爸制作了雷·查理斯[5]的一系列成名专辑，包括《我无法停止爱你》

---

① 艾迪·范·海伦（Eddie Van Halen，1955.1.26—2020.10.7）：出生于荷兰，20 世纪最杰出的吉他演奏家之一，电吉他点弦技术的首创者。

② 史蒂夫·波卡罗（Steve Porcaro，1957.5.2— ）：美国作曲家、演员。"波卡罗"是一个美国音乐家族，活跃于 20 世纪 70、80 年代的音乐界，与多个知名乐队合作。

③ 大卫·派奇（David Paich，1954.6.25— ）：美国演员、作曲家。

④ 马蒂·派奇（Marty Paich，1925.1.23—1995.8.12）：美国作曲家。

⑤ 雷·查尔斯（Ray Charles，1930.9.23—2004.6.10）：美国灵魂音乐家、钢琴演奏家。

（I Can't Stop Loving You）。

　　我爱昆西和詹姆斯·英格瑞姆[1]共同创作的《漂亮小宝贝》（Pretty Young Thing）。《满足为止》引发了我在歌曲开头加入口白的癖好，我不觉得在歌曲中需要隐藏起自己说话的嗓音。不管你信不信，我从来没有刻意修饰或用化学药物来改变过自己的嗓音。试想，如果你与生俱来的特征被人批评是什么感受？试想，不断被媒体造谣会给人带来多大伤害？那些记者故意编造谎言，让人们怀疑你是否在撒谎，逼迫你必须为自己辩解，这样他们又可以炮制出另一篇故事了。我尽量不去回应那些可笑的谣言，去搭理那些记者根本就是抬举他们。要记住，媒体也是一门生意：报纸和杂志被印刷出来的目的都是为了赚钱——即使有时是以牺牲准确性、公平性甚至真相为代价。

187

　　无论如何，我在《漂亮小宝贝》中的口白听起来比我在上一张专辑里自信了不少。我喜欢歌词中加入的那些"隐语"，这令歌曲听起来很有摇滚范儿，像是"tenderoni"（指代年轻火辣的女孩）和"sugar fly"（指代做爱），你在字典里是查不到这种词的。我找了珍妮和拉托娅来录音棚帮忙，她们为这首歌贡献了相当"真实"的背景音效。詹姆斯·英格瑞姆则跟我一起用一台叫作"声音合成器"的电子设备编辑出了外星人的声音。

---

① 詹姆斯·英格瑞姆（James Ingram，1952.2.16—2019.1.29）：美国创作歌手、制作人。

　　《人性》（Human Nature）是托托乐队拿给 Q 的歌，我跟他都觉得这首歌的旋律比《非洲》还要动人，它简直就是我们这段时间听到过的最优美的歌曲，那音乐就像插着翅膀。人们总是问我歌词中的"他为什么要这那几句样对我……我喜欢这样爱着……"到底有什么含义？他们总是觉得你唱的歌词对你本人来说是有特殊的个人意义的，但通常情况并不是这样。让你的歌声直达人心、打动听众才是最重要的。有时能打动听众的是歌曲旋律与歌词的巧妙搭配编排，而有时则是歌词本身的内容。很多人都问我《肌肉》（Muscles）这首歌的含义是什么，这是我写给戴安娜·罗斯的歌，我一直都想感谢戴安娜对我的帮助，这首歌帮我实现了这个愿望。我一直都很爱戴安娜，对她始终心怀崇敬。顺便一说，"肌肉"也是我养的蛇的名字。

　　《我生命中的姑娘》（The Lady in My Life）是制作难度最大的歌曲之一。为了让人声部分达到完美效果，我们反复录了很多遍，但昆西对我的表现仍然不满意，哪怕那时我们已经字面意义上地录了几十遍。在录最后一遍之前，他把我拉到一旁，对我说，他希望我像乞求一样跪下来。他是真的这么说的。他希望我回到录音棚之后，字面意义上地像乞求一样跪下来唱这首歌。我回到录音棚，他们关掉了灯，拉上了录音棚和音控室之间的窗帘，以免我觉得尴尬。Q 开始播放伴奏带，而我跪下来如同哀求一般开口歌唱，这一遍就是你们所听到的最终效果。

在完成《颤栗》这张专辑时，唱片公司给了我们很大压力。唱片公司催起进度来是很较真的，他们催《颤栗》的进度催得尤其紧，要求我们必须在某天完成整张专辑，而且没得商量。

这导致我们在截止日期前拼命赶工，不得不对大量混音效果做出妥协，对某些音轨的取舍做出让步，这种抄捷径、赶进度的做法让我们几乎顾不上对唱片质量的把控。

当我们最终听到准备交给唱片公司的样带时，我眼泪都出来了，因为效果实在太糟糕。我们在录制《颤栗》时的压力巨大，因为那时我们还在同时录制《E.T 有声书》，这个项目同样也有截止日期的压力。两个项目互相争夺我们的时间，而我们最终意识到一个悲伤的现实：《颤栗》的混音是不过关的。

我们坐在好莱坞的西湖录音室（Westlake Studio），从头到尾听了一遍样带。我备受打击，压抑已久的情绪在那一刻倾泻而出。我怒气冲冲地走出房间，告诉我的工作人员："就这样吧，我们不出了。打电话告诉 CBS，他们拿不到这张专辑了。我们不出了。"

因为我知道我们犯错了。如果我们继续这么赶工下去，再不停下来审视我们所做的一切，这张专辑就完蛋了。它绝对不会取得本应取得的好成绩，而我们得到的教训是，一张好专辑也会因为最后的混音工作没做好而毁于一旦，就像一部好电影会因为失败的剪辑而变成烂片。你必须得慢慢来。

有些事是急不得的。

唱片公司的人起先大吼大叫，极为不满，但最终他们还算聪明，对我们表示了理解。其实他们对赶工出来的专辑质量也是心知肚明，只不过我是第一个说出来的人而已。最终，我意识到我们不得不从头来过，把整张专辑的混音工作全都重做一遍。

我们先休息了几天，养精蓄锐一番，再重整旗鼓，回到录音室从头来过。这回我们始终保持着良好的状态，确保自己耳聪目明，而且每周只进行两首歌的混音工作。最终这版专辑完成时，我们一听就备受震撼。CBS也能听出前后两版的截然不同。《颤栗》就是这么个艰难的项目。

《颤栗》这张专辑的三支MV——《比莉·珍》《避开》和《颤栗》都来自我最初打造这张专辑时的想法。我从一开始就决定要从视觉上也将这张专辑呈现得尽善尽美。我看了平时大家都在看的那些MV，不明白为什么大多数MV的制作手法都很老旧，水平也很低劣，而孩子们也没别的东西可看，只能忍受那些乏味的MV。我的目标是在任何领域当中要做就做最好的，既然已经在专辑上投入大量心血，那我为什么要在制作MV的时候偷工减料、粗制滥造？我想创造出能把人给牢牢吸引住、看了一遍又一遍的MV。所以我最初的想法就是带给人们高质量的MV。我想成为这个相对来说还算新生事物的领域中的领军人物，拍出我们力所能及的最佳MV。我甚至不想把它们称之为"录像"。在拍摄现场，我跟工作人员解释说，我们实际上在拍的是一部电影，这就是我们要达到的标准。我希望制作这三支MV的是行业里的顶尖人才——是我们所能找到的最好的摄影师、最好的导演和最好的灯光师。我们也不是用录像带来进行拍摄的，而是采用了35 mm的电影胶片。我们就是这么较真。

在拍摄第一个MV《比莉·珍》之前，我面试了不少导演。我想找一位真正有独到之处的导演，然而我面试的大多数人都没有拿出真正令人耳目一新的创意。与此同时，因为我想干票大的，唱片公司就不干了，他们在预算上斤斤计较，令我束手束脚。我不想为了钱跟人起争执，索性决定接下来由我自己出钱来拍摄《避开》和《颤栗》的MV，而最终结果就是，我拥有了这两部MV的版权。

191

《比莉·珍》是CBS出钱拍摄的，总共花了大概25万美元。在当时这对于MV拍摄来说算是一大笔钱了。我对此很满意，预算的多少也代表着他们对我的信任程度。史蒂夫·巴伦是《比莉·珍》的导演，他有很多充满创意的想法，虽然一开始他不同意在MV中加入舞蹈，但我却觉得人们会想在MV中看到舞蹈。为这支MV而舞的感觉很棒，我踮脚而立的定格镜头完全是即兴发挥，还有很多其他动作也都是临场发挥的结果。

《比莉·珍》最终给MTV观众留下了深刻的印象，并且大获成功。

《避开》由鲍勃·杰拉尔迪导演，他拍过不少广告片，我

杰克逊五兄弟解散后，杰梅因首次回归杰克逊家族，

在 1983 年的摩城 25 周年纪念演出上与我们同台表演，这是一个特别的夜晚。

记得我们在英格兰时就决定了把《避开》作为《颤栗》专辑的第二支单曲来推，并且决定要给这首歌找个好导演来拍 MV。

　　我觉得《避开》就应该按照字面意思去阐释，就像歌词里写的那样，两个帮派在街头狭路相逢，必须要拍出暴力的感觉来。这就是《避开》想要表达的意思。

　　回到洛杉矶之后，我看了鲍勃的样片集，认为他就是拍摄《避开》的最佳人选。我喜欢他通过影像讲述故事的方式，于是我约他聊了聊。我们把各自的想法都给过了一遍，我跟他都提供了不少创意，《避开》就是这么创造出来的。我们编出了大致的故事脚本，然后再慢慢打磨。

　　我在写《避开》的时候，脑海中出现的就是街头帮派斗殴的场面。所以在拍摄 MV 时，我们就找来了洛杉矶最凶悍的街头帮派，直接让他们来演这支 MV。这群野孩子来到片场根本不需要戏服化妆，台球厅里的第一幕完全就是真实拍摄，他们可不是演员，那些动作都是动真格的。

　　我没有跟真正的暴力分子打过交道，他们刚来到片场时还真的有点令人望而生畏。不过我们也做好了完全措施，保安措施都很到位。但我们很快就意识到，我们大可不必如此戒备。大多数帮派分子在跟我们打交道的时候都很谦和友善。我们在片场休息时提供餐饮小吃，他们吃完了还会自己收拾干净。我开始意识到，他们装得凶神恶煞，其实是为了引人注目，他们想要的不过是获得重视和尊重。我们要让他们上电视，他们是很乐意的："嘿，瞧呀，老子也是个角儿啦！"我猜大多数帮派分子都是如此。他们是很叛逆，但他们的叛逆只是为了引人注意、获得尊重。就跟我们所有人一样，他们也想得到关注。我提供给了他们这个机会，至少在这几天时间里，他们就是明星。

对我来说，他们的表现很棒——不仅彬彬有礼，不吵不闹，而且还很配合。在舞蹈部分拍摄结束时，他们还会特意送上发自内心的赞美。他们经常会等在我的拖车附近，老是跟我要签名。不管他们要什么，我都给他们：照片、签名、巡演门票，任何我能给他们的东西。他们都是好人。

我们的拍摄经历也真实地反映在了镜头里。《避开》的 MV 镜头充满压迫感，你能真实感受到他们的情绪，仿佛身临其境，感受到真正的街头生活。你在看《避开》的时候会觉得这群家伙可真是粗野，他们是真的在斗殴，镜头只不过恰好拍到了这真实的一幕。这看起来可不像是演员在演戏，这不可能是表演，这就是真的。而这恰恰是他们想要传达的精神。

而我一直在想，他们是不是也从歌曲中领会了我想表达的精神。

《颤栗》刚出来时，唱片公司预计它的销量大概也就两三百万张。通常来说，唱片公司是不会相信你的新专辑能超过你上一张专辑的销量的。他们觉得你上一张专辑卖得好，要么是因为你运气特别好，要么是因为你歌迷本身就那么多。他们通常就运两三百万张专辑放到商店去卖，试试看你这次的运气是不是还那么好。

通常唱片公司都是这么操作的，但我要通过《颤栗》来改变他们的态度。

弗兰克·迪莱奥[1]也为此出了一把力。我认识他的时候，他还在史诗唱片担任负责营销推广的副总裁。弗兰克和罗恩·韦斯纳以及弗莱德·德曼一起，负责把我对《颤栗》的梦想变成现实。弗兰克第一次听到《颤栗》的部分歌曲是在好莱坞的西湖录音室，专辑的大部分歌曲都是在那儿录制的。弗莱德·德曼是我的经理之一，当时弗兰克、他还有昆西都在场。我放了《避开》和几段《颤栗》的样带给他们听，他们被深深打动了。那时我们就开始认真讨论如何为专辑打开更广阔的销路。

弗兰克非常卖力，那些年他就是我的左膀右臂。他对唱片业的真知灼见对我来说是无价之宝。比如当《比莉·珍》还在排行榜榜首时，我们就要推出《避开》的单曲，CBS 的人都叫起来："你疯了吧，这会毁了《比莉·珍》。"但弗兰克让他们别担心，这两支都会成为冠军单曲，它们会同时留在排行榜的前十名。而事实也确实如此。

1983 年的春天，《颤栗》已经出现了卖疯了的苗头。它已

195

---

① 弗兰克·迪莱奥(Frank Dileo, 1947.10.23—2011.8.23)：美国演员、制片人，MJ 在 1980 年代和后期的经济人。

弗兰克·迪莱奥和我一起对着镜头耍酷。

和小理查德在约翰·布兰卡与茱莉娅·麦克阿瑟的婚礼上，小理查德主持了婚礼。

经打破了销售记录，而且每次唱片公司推出一支新单曲，专辑销量就再次攀上新高。

紧接着，《避开》的 MV 一炮而红。

1983 年 5 月 16 日，我在网络电视播出的摩城成立 25 周年庆典上唱了《比莉·珍》，大约有 5000 万观众通过电视收看了这场演出活动。在那之后，很多事都变得不一样了。

摩城 25 周年演出其实早在播出前的一个月——在 1983 年 4 月就已经录好了。演出的全称叫作《摩城 25 周年：昨天、今天和永远》（*Motown 25: Yesterday, Today, and Forever*）。我不得不承认，我是被人好说歹说才肯参加这场演出的，不过我很庆幸自己最终还是去了，这场演出成就了我生活中一段最快乐、最骄傲的时光。

我之前已经说了，我一开始是拒绝参加这场演出的。他们起先是要我作为杰克逊家族的一员参加演出，然后让我单独来一段独舞。但我们都已经不是摩城的艺人。我的经理们——威斯纳和德曼——为了这事儿跟我争辩了很久。我想起了伯瑞·高迪那时为我和我们组合做的一切，但最终还是告诉他和摩城，我不想上电视。我对电视节目的总体印象是很负面的。最后伯瑞亲自来找我商量这事儿。我当时正好在摩城录音室进行《避开》的编辑工作，肯定是有人告诉伯瑞我就在这栋楼里，所以他才会专门到录音室来找我长谈。我说："好吧，但如果要我

197

唱，我就要唱《比莉·珍》。"那这首歌就会变成整个演出当中唯一一首不属于摩城的歌。伯瑞说其实他本来就想让我这么做。所以我们就同意了作为杰克逊家族登台献唱一曲，杰梅因也会跟我们一起上台。我们都为此兴奋得战栗了。

于是，兄弟们再次聚在一起，为这次演出进行排练。排练进行得很顺利，每个人的感觉都很棒，仿佛我们又回到了杰克逊五兄弟时代。我设计了舞蹈动作，大家聚在我们在恩西诺的房子里进行排练，并且每次排练都录了像，以便事后查看纠正动作。杰梅因和马龙也为这次排练出了大力。然后我们就去了帕萨迪纳市参加摩城的走台彩排。尽管我们在彩排时的表演是有所保留的，并没有像真的登台表演那样全力以赴，但所有人都围过来看我们彩排，为我们喝彩鼓掌。在那之后就是《比莉·珍》的彩排时间了，当时我就跟着音乐走了个过场，因为我还没有想好要怎么演绎这首歌。我的时间都用来跟兄弟们进行排练了，压根就来不及排练自己的这部分演出。

第二天，我给自己的经理办公室打了个电话，说："帮我订一顶间谍帽吧，那种酷酷的圆顶软呢帽——就是间谍戴的那种帽子。"我想要一顶帽子，可以令我看起来有那么几分阴险，又有些特立独行，同时带给人懒散的、不经意而为的感觉。但到底要怎么来演绎《比莉·珍》，我仍然没有什么特别好的想法。

在录制《颤栗》的那段时间，我搞到了一件黑夹克，当时就说："你知道吗，我会穿上它登台表演。"而我果然穿着它参加了摩城 25 周年演出，它相当完美，非常适合舞台表演。

　　然而到了拍摄《比莉·珍》的舞台表演的前一天晚上，我还是没想好要怎么处理个人部分的表演。我下楼来到厨房，大声播放《比莉·珍》，就那样独自待在那儿，在即将登台表演的前夜，我独自站在厨房里，让音乐告诉我该怎么办。而音乐真的在对我说话，舞步就是那么自然而然诞生的：节拍响起，我抓起间谍帽，亮相，蹬腿，节奏牵引着我的舞步，迫使我做出种种动作，而我甚至无法自控。像这样——交出身体的主动权，让舞步在音乐中自然而然地诞生——真是其乐无穷。

　　虽然《比莉·珍》的大部分表演内容都是来自于我在厨房里的即兴发挥，但我之前也在练某些舞步：我已经练习了一段时间太空步[①]了。而在厨房里的那个时刻，我突然意识到，我可以在摩城 25 周年演出上公开表演太空步。

　　那时太空步已经在街头出现了，但我在表演时对它做了些改动。太空步是从霹雳舞之中诞生而来的，是黑人孩子们在贫民区的街头拐角起舞时发明出来的一种类似"机器舞"的舞步。黑人在舞蹈方面真的很有天赋，他们创造出了很多新的舞步，而且简单易学。于是我对自己说："我跳太空步的机会终于来了。"说跳就跳，我在街头拜了三个黑人小孩为师，向他们学跳太空步，他们教给了我最基础的舞步，我私下练习了一番之

---

① "太空步"即"月球漫步"（MOONWALK），因中文常称之为太空步，此处及下文皆保留这种称法。

后，又在此基础上添加了其他舞步。我决定要在《比莉·珍》的过场间奏部分跳太空步，向前走的同时向后滑，仿佛我正在月球上漫步一般。

录制当天，摩城的录制进度比预定计划有所延迟，所以我索性离开录制现场，一个人排练了起来。当时我手里还拿着那顶间谍帽，我的兄弟们想知道这玩意儿会派上什么用处，我告诉他们等着瞧。不过我悄悄告诉纳尔逊·海耶斯，让他等会儿帮个忙："纳尔逊，等我跟兄弟们的节目表演完，舞台熄灯之后，你偷偷从暗处把帽子递给我。我到时候会走到舞台的角落，靠近侧幕的位置，跟观众说说话，你就从那儿神不知鬼不觉地把那顶帽子塞到我的手里。"

于是，等到我跟兄弟们的节目表演完毕之后，我走到台侧，说道："你们太棒了！我想说，那是我们过去的好时光，那是包括杰梅因在内的杰克逊兄弟们充满魔力的时刻，但我真正喜爱的……"这时纳尔逊悄悄把帽子塞到了我的手中，"是这些新歌。"我接过帽子，转身面向舞台，《比莉·珍》响起，我在强劲的节奏中起舞。我能感受到，观众席上的人们都被我的表演给镇住了。兄弟们告诉我，当时他们挤在后台的台侧，看得目瞪口呆。父母和姐妹们当时也坐在台下。我只记得一曲终了，当我睁开眼睛时，看到舞台下人海般的观众全都站起身来拼命鼓掌。那一刻我百感交集，知道自己已经尽力而为，那种感觉真的很好，真的。但同时，我又对自己的表现有些失望：

我原本打算在一个长旋转之后以一只脚的脚尖站立，定格在那里，作为整个表演的收场动作，但我没能保持住足够的定格时间。我成功完成了长旋转动作，也用一只脚的脚尖站立住了，但我想要的效果是就站在那儿、定格在那儿，但我没能做到自己预期的效果。

　　我回到后台，人们纷纷祝贺我的成功表演。我还在因为最后那个旋转收尾动作没做好而沮丧，我就是这么个完美主义者，总是想要全力以赴，做得尽善尽美。但同时我也意识到，这大概是我一生中最幸福的时刻之一，兄弟们第一次真正有机会看到我的表演，他们这才知道我在做什么，以及我取得了多大的进步。表演结束后，他们在后台挨个儿拥抱我、亲吻我，他们过去可从来没有这样做，我们全都开心激动不已，他们挨个儿亲吻我的感觉太棒了，我爱死了那一刻。那天我们几乎无时无刻不在拥抱。其实我们全家人平时也常常互相拥抱，只有父亲是个例外，他从来不那么做。无论如何，除了父亲之外，我们全家人平时见面就会拥抱，但那天晚上，当他们挨个儿亲吻我的时候，我感受到了他们对我的祝福。

　　可惜的是，我的表演未能做到尽善尽美，这个念头一直盘旋在我脑海中，就好像一根刺扎在我的心头，直到我在后台遇到那个小男孩。他大概十岁，穿着一身小礼服。当他抬头看着我的时候，眼睛里就好像有星星在闪烁，他就那么笔直地站在我的面前，问我："哥们儿，是谁教你跳得那么好的啊？"

　　我忍不住笑起来，说："我猜，是练习吧。"小男孩一脸敬畏地看着我。我笑着走开了，直到那一刻，我才真正对自己的表现感到满意。我对自己说，我一定是真的做得很棒，那小男孩才会这么对我说，小孩子是最诚实的。也正是因为那个小男孩的话，我才能真正肯定自己的表现。这一整晚的经历都令我感动不已，于是我立刻回到家中，把当晚发生的一切都记录下来，在那篇日记的最后，我写上了在后台遇到那个小男孩的事。

　　摩城25周年演出后的第二天，弗雷德·阿斯泰尔给我打了个电话，他原话是这么说的："你是个天杀的舞者，哥们儿，你昨晚把大伙儿都给镇住了。"弗雷迪就是这么跟我说的。我谢了他，他又说："你是个很有激情的舞者，我也一样，当年我也用一根拐杖做过同样的事。"

　　我过去见过他一两次，但这是他第一次亲自打电话给我。他继续说："我昨晚看了那场演出节目，还把它给录下来了，今天一早我又看了一遍，你可真是个天杀的舞者。"

　　这是我一生之中得到的最好的赞美，也是唯一我想要信以为真的。因为这可是弗雷德·阿斯泰尔亲口告诉我的，对我来说是无与伦比的荣誉。不久之后，我的表演得到了艾美奖的音乐类提名，却输给了莱昂泰茵·普莱斯[1]。但没关系，弗雷迪·阿

---

① 莱昂泰茵·普莱斯（Leontyne Price，1927.2.10—　）：美国女高音歌唱家。

我的朋友弗雷德·阿斯泰尔。

斯泰尔给了我终生难忘的赞美——对我来说这就是最佳大奖。
后来他还邀请我去他的家里，我又从他那里得到了更多的赞美，
把我夸得脸都红了。他当着我的面播放了我表演《比莉·珍》
的那段录像，一个动作一个动作拆解开来看，编舞大师赫米
斯·潘也凑过来看，弗雷德在电影中的不少舞蹈都是由他编排
的。我向他们展示了怎么跳太空步，也演示了一些其他的舞步，
他们都很感兴趣。

　　没过多久，吉恩·凯利亲自造访了我家，他也说喜欢我的
舞蹈。摩城 25 周年真是一次神奇的经历，因为那场演出，我
感到自己仿佛进入了一个非正式的舞蹈家联谊会，而这个圈子
里的每个人都是我崇敬已久的对象，我为此深感荣幸。

　　摩城 25 周年演出之后，我的家人也在报纸上读到了很多
关于我的溢美之词，有的把我誉为"新一代的辛纳特拉"[①]，
有的吹捧我"跟猫王一样激动人心"，诸如此类。好话当然好
听，但我也知道媒体是反复无常的，他们这周可以把你吹上天，
下周也可能把你贬得垃圾不如。

　　后来，我把演出当天穿的那件闪闪发亮的黑夹克作为礼物
送给了萨米·戴维斯。因为他说他打算在舞台上模仿我。我就
说："拿着，你会想穿着这玩意儿进行表演的对吧？"这可把
他给高兴坏了。我爱萨米，他是个好人，一个真正的表演大师，

------

① 　指弗朗西斯·阿尔伯特·辛纳特拉（Francis Albert Sinatra）。著名美国男
歌手和奥斯卡奖得奖演员。被公认为 20 世纪最优秀的美国流行男歌手之一。

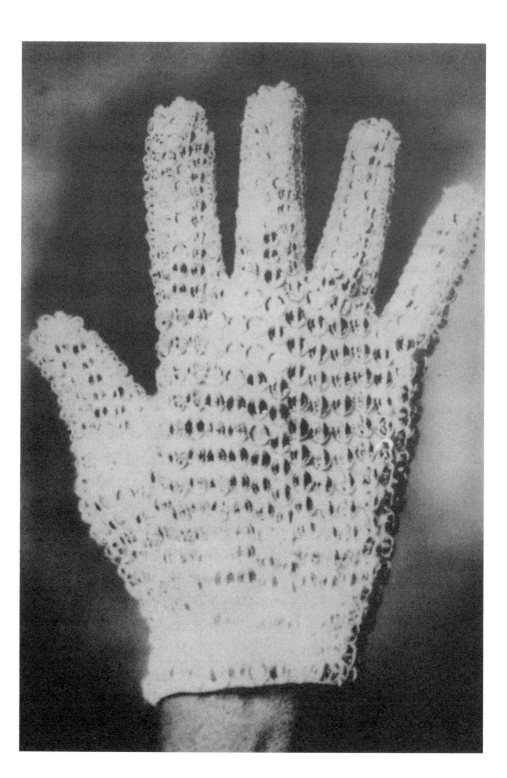

也是他们当中最棒的之一。

在《颤栗》发行之前，我就一直保持着只戴一只手套的造型，就这么戴了很多年。我觉得只戴一只手套很酷，戴两只手套太过普通，只戴一只手套就会显得与众不同。不过我一直坚信，如果你太过在意自己的造型，那就会误入歧途。艺术家的个人风格应该是在不经意之间展现出来的，而不应该刻意为之，与其费脑子琢磨自己的造型，不如跟着感觉走。

我多年来只戴一只手套，都没有人怎么留意到这一点，直到 1983 年，《颤栗》发行之后，这个造型突然火了起来。其实早在 20 世纪 70 年代的巡演当中，我就是只戴一只手套的；在《疯狂》的巡演当中，我也只戴了一只手套，在现场录音专辑的封面上也是如此。

只戴一只手套很有艺人范儿，我就喜欢这么戴。有一次，我凑巧戴了一只黑手套去参加美国音乐奖颁奖典礼，而那天正好是马丁·路德·金的生日。有时你就是会在生活中遇到这样有意思的巧合。

我承认自己喜欢开创潮流，但万万没想到我穿的白袜子也能流行起来。不久之前，人们还觉得穿白袜子是老古板的打扮。20 世纪 50 年代，穿白袜子还算时髦；到了 20 世纪 60、70 年代，人们就宁死也不穿白袜子，对大多数人来说，甚至一想到白袜子就觉得很古板。

而我一直都穿白袜子。哪怕兄弟们为此叫我傻瓜，我也不

在乎。杰梅因一看到我穿白袜子就很不爽，他会去跟妈妈告状：
"妈妈，迈克尔又穿白袜子啦，你去管管他，说说他啦。"他
就是这么气不打一处来，我的兄弟们全都会对我说，穿白袜子
看起来就跟个傻子似的，但我偏要穿白袜子，而现在白袜子还
偏又流行起来了，简直就跟故意要气杰梅因一样。我一想到杰
梅因的反应就好笑。《颤栗》发行之后，就连裤腿高于脚踝的
穿法都变成了一种时尚。

　　我的态度就是反其道而行之，时尚说不可以这么穿，我就
偏要这么穿。

　　平时在家里，我不喜欢穿得一本正经，会随手拿到什么就
穿什么，曾经一连好几天在家都穿着睡衣。我喜欢穿法兰绒衬
衫、旧毛衣和宽松的裤子，都是些简单的便装。

　　一旦出席活动，我就得穿得光鲜亮丽、造型犀利，但是在
家里或在录音棚，我就可以穿得很随意。我不喜欢佩戴珠宝——
通常我什么珠宝都不戴——因为它们会碍事。偶尔有人送我珠
宝作为礼物，我很珍惜这份心意，但珠宝则通常会被我随手一
放，有些还被偷走了。杰基·格利森[1]曾经送给我一枚很漂亮
的戒指，是从他手上摘下来送给我的，这枚戒指就被人偷走了。
我觉得很可惜，但也没为此多费神，因为这枚戒指背后蕴含的
感情才是最重要的，没有人能从我这里偷走这份感情。戒指本

① 杰基·格利森（Jackie Gleason，1916.2.26—1987.6.24）：美国演员、编剧、
制片人、导演。

身只不过是个身外之物罢了。

　　真正能带给我快乐的是表演和创作，它们才是我真正热爱的事物。我完全不在乎物质上的羁绊，我热衷的是把自己的灵魂投入到创作之中，看到自己创作出来的作品得到人们的接受和喜爱，那种感觉对我来说才是最棒的。

　　正因为如此，我欣赏艺术。我是米开朗基罗的忠实粉丝，我崇拜他把灵魂注入作品的那股劲儿。他知道凡人必有一死，但作品会替创作者活下去。你能看得出来，他在创作西斯廷教堂穹顶上的壁画时倾注了全部心血，为了让作品完美无缺，他甚至不惜毁掉成品，推翻重来。他说过："酒要是发酸了，还不如倒掉。"

　　我在欣赏一幅画的时候常常沉浸其中，不能自拔，就像被吸入了画中一样。艺术总能引起我强烈的感情共鸣，作品仿佛主动在与我交流，而我仿佛能通过作品与艺术家心意相通。照片也能带给我类似的感受，一张深刻有力的照片本身就很有说服力。

　　正如我之前所说，在摩城 25 周年演出之后，我的生活发生了很大的变化。我们得知有 4700 万人收看了那场演出节目，其中很多人在看完演出节目之后就去买了《颤栗》的专辑。到了 1983 年的秋天，专辑销量已经达到了 800 万，远远超过了 CBS 对《疯狂》之后的下一张唱片能达到的销量预计。也就是

拜访白宫。

在那个时候，弗兰克·迪莱奥提出我们可以再拍一支 MTV 或短片。

对我们来说，下一支单曲 MTV 很显然就该是《颤栗》了，这首曲子够长，包含的元素也很丰富，足以让一名好导演好好发挥一番。打定主意之后，我就立刻想到该找谁来拍这支 MV了：一年前我正好看过一部恐怖片，叫作《美国狼人在伦敦》（An American Werewolf in London），我觉得这部电影的导演约翰·兰迪斯就是拍摄《颤栗》的最佳人选，因为我们对这支MV 的构思恰好也是从人到动物的变形，跟兰迪斯电影中的人物不谋而合。

于是我们联系了约翰·兰迪斯，邀请他做导演。他欣然同意，并提出预算，然后我们就开工了。MV 运用了大量先进技术，这导致了开拍没多久我就接到了约翰·布兰卡打来的电话。他是我的律师，是我最亲密的朋友之一，也是我最得力的顾问。约翰跟我从《疯狂》时期就在一起合作了，《颤栗》发行之后，我缺一名经理，只能自己忙得焦头烂额，是约翰帮了我大忙，他身兼数职，把一切打理得井井有条。他天赋异禀，简直什么工作都能胜任。言归正传，约翰那时惊慌失措地打电话给我，是因为他发现《颤栗》的 MV 拍摄支出比预算足足翻了一倍。由于这支 MV 是由我自己投资拍摄的，所以超出预算的每一分钱都要从我的口袋里出。

不过约翰惊慌失措了一番之后，想到了一个绝妙的主意：

与欧拉·蕾一起拍摄《颤栗》的 MV。

他建议我们再单独做一部《颤栗》MV 的幕后拍摄花絮，这可以专门找个人来赞助。这主意确实很绝，过去还从来没有人做过这种事。我们确信《颤栗》的幕后花絮会是一部很有意思的纪录片，而它的赞助费也可以用来支付 MV 翻倍的开支。约翰说干就干，很快就把一切都给安排妥了：他找了"MTV 频道"和"娱乐时间电视网"（Showtime cable network）来投资幕后花絮的拍摄，威斯特朗电影公司（Vestron）则负责在《颤栗》的 MV 播出之后对这支幕后花絮进行发行。

结果《"颤栗"制作花絮》（*The Making of Thriller*）的热卖程度把我们也给吓了一跳：光是盒式录像带版本就卖出了100 万份。时至今日，它还保持着最畅销音乐录像带的纪录。

《颤栗》的 MTV 在 1983 年底制作完成，于次年 2 月发行，并在"MTV 频道"进行了首播。史诗唱片公司将《颤栗》作为单曲发行，带动专辑销量直线上升：据统计，《颤栗》的 MTV 和单曲发布之后，专辑的销量在六个月内又增加了 1400 万张，在 1984 年，专辑销量一度达到了每周卖出 100 万张的地步。

火爆的市场反响让我瞠目结舌，我们最终在一年之后结束了《颤栗》的所有活动，而那时候专辑的总销量已经达到了3200 万张。如今，《颤栗》的销量是 4000 万张，我的梦想终于变成了现实。

在此期间，我更换了经纪团队。我跟维斯纳与德曼的合同在 1983 年初到期了，而我父亲早就不再担任我的经纪人，于

213

是我开始从各种各样的人里物色新的合适人选。有一天，我到比弗利山庄拜访弗兰克·迪莱奥，想到问他是不是愿意离开史诗唱片来打理我的事业。

弗兰克让我再好好想想，如果我真的确定要他来做我的经纪人，就在周五给他回个电话。

不用多说，我给他打了电话。

《颤栗》在 1984 年获得的成功令我震撼不已。专辑荣获了美国音乐奖（The American Music Awards）以及格莱美奖的多项提名，喜悦欢呼排山倒海而来，我至今还记得这种感觉，当时我情不自禁地围着屋子又叫又跳、手舞足蹈。我仍然不敢相信，《颤栗》已经成为了有史以来最成功的唱片。昆西·琼斯嚷着："快开香槟！"我们全都激动极了，老天！这实在是太棒了！我们为了这张专辑竭尽全力，付出了那么多心血，如今终于获得了成功！每一个参与了《颤栗》制作的人在这一刻都幸福得飘飘欲仙，这一切实在太美妙了。

我猜，我在那一刻的感受，应该跟长跑运动员在终点撞线的那一瞬间的感受是一样的。我想到了那个画面：一个运动员，竭尽所能以他最快的速度奔跑，直到他的胸膛撞上终点的彩带，周围的人群为他而欢呼沸腾。而实际上我根本不喜欢体育运动。

但我与运动员的心意是相通的。因为我能懂他训练得有多辛苦，我懂得那一瞬间对他来说意味着什么。也许他为此献出了一生，就为了那奋力一搏，就为了那一瞬间。而最后他成功了。

我有幸荣获的诸多奖杯中的一部分。

这是梦想的实现，这是无上的力量。我能感同身受，是因为我懂得他付出的一切。

　　《颤栗》那段时期带来的副作用，就是让我对频繁曝光在公众面前感到厌烦，也正是因为那段时期，我才决定要让生活平静下来，让自己拥有更多的私人空间。我还是会经常因为自己的外表而害羞。你一定记得，我过去是个童星，生活在人们苛刻的目光中，他们总是希望我不要长大，最好保持小孩的样子一成不变。刚出名时，我有点婴儿肥，脸蛋看起来圆乎乎、肉嘟嘟的，有很长一段时间，我都是这样的圆脸，但自从几年前改变了饮食习惯之后，我的脸就变得清瘦起来。我不再吃牛肉、鸡肉、猪肉和鱼肉，也戒掉了其他那些会让人发胖的食物。我只是想让自己看起来更加匀称、生活变得更加健康，在这个过程当中，随着体重下降，我的脸也变得清瘦了，变成了现在的模样，而报纸却指责我做了大面积整容手术来改头换面。我承认我做过鼻部整形，很多著名表演家和演员都整过鼻子，但我也就仅仅整了鼻子而已。他们会故意找我青春期的老照片来跟我现在的照片作对比。老照片上，我顶着非洲蓬蓬头，再加上光线不好，更加显得脸又圆又短；而我近照上的脸是一张成年人的脸，看起来更加成熟，我的发型和鼻型也有所改变，再加上现在拍摄的打光技术跟过去相比也大有进步，两张照片看起来肯定是判若两人的。拿两张不同年龄段的照片来对比找茬

在巴里·吉布位于佛罗里达的家中

本身就很不公平，而他们还硬说我做了面部削骨手术，我真不知道他们是怎么光凭两张照片得出这个结论的，这真的很过分。

朱迪·加兰、珍·哈露[1]，还有其他很多明星都整过鼻子，也没人把这当回事儿。我的问题就在于过去是个童星，人们对我小时候的长相有着根深蒂固的印象。

我想在此澄清，我从未做过脸颊削骨手术，也没有通过手术来把眼睛整大、把嘴唇整薄，更没有做过什么磨皮、植皮手术。这些说法真的很可笑。如果做过上述整形手术，我一定会承认，然而我没有。我整过两次鼻子，最近又在下巴中间做了一道凹痕，仅此而已，就此打住。我可不管其他人怎么说，这是我自己的脸，做过什么自己知道就行。

现在我是素食主义者，比过去瘦了很多。多年来我一直严格地控制饮食，如今感觉自己的状态比过去任何时候都要好，身体健康，精力充沛。我真的不明白，为什么媒体总是格外关注我的外表，我的脸长成什么样跟我的音乐和舞蹈到底有何相干？

有一天，有人问我是否快乐。我回答："我从未感到过完完全全的快乐。"我是最不易知足的那种人，但与此同时，我也知道，我该多么感激自己所得到的这一切，我真的很高兴自

---

① 珍·哈露（Jean Harlow，1911.3.3—1937.6.7）：美国电影演员。

已能拥有健康的身体、朋友和家人的爱。

　　我还是很容易难为情。荣获全美音乐奖（American Music Awards）八项大奖的那个夜晚，我是戴着墨镜去登台领奖的。这一幕通过电视转播出来后，凯瑟琳·赫本①给我打来电话，她恭喜我获奖，但也因为我戴着墨镜领奖而把我好一通批。"你的歌迷想看到你的眼睛，"她责怪我说，"你不能这么糊弄他们啊。"接下来的那个月，也就是1984年2月，在格莱美颁奖典礼上，《颤栗》一举夺得七项大奖，第八个奖项看起来也是我的囊中之物。整个晚上，我依然戴着墨镜上台领奖。最后，《颤栗》赢得了"最佳专辑奖"，这一回，我上台领奖时摘下墨镜，对着摄影机的镜头说："凯瑟琳，这是为你做的。"我知道她一定会收看颁奖典礼，而她也确实看了。

　　人就得自己给生活找点乐子。

---

① 　凯瑟琳·赫本（Katharine Hepburn，1907.5.12—2003.6.29）：美国女演员，1999年被美国电影学会评为"百年来最伟大的女演员"第一名。

第 六 章

你 所 需 要 的
只 是 爱

我原本打算在 1984 年将主要时间用于实践电影方面的想法，但那些计划却遭到了搁浅。先是在 1 月，当我和兄弟们在为百事可乐拍摄广告时，我在片场被烧伤了。

起火的原因一目了然，纯属糊涂。当时我们正在进行夜间拍摄，计划是我走下台阶的同时，镁光照明弹会从我的两侧和身后同时点燃。这看起来是很简单的一件事，我只需要走下台阶，镁光弹随之点燃。我们试拍了几次，时间都配合得刚刚好，镁光弹炸开的效果也很酷炫。直到事后我才意识到，两侧的镁光弹离我的头部只有两英尺（约 0.61 米）远，完全无视了安全规则，而我就站在镁光弹的中心，任何一侧的镁光弹都距离我只有两英尺。

　　然后导演鲍勃·吉拉尔迪还走过来对我说："迈克尔，你下来得太早了，我们想要看到你高高在上地站在台阶上，当灯火亮起来的时候，我们想展现你正处于那个位置，所以你要等一等再下来。"

　　所以我就等了一等，结果镁光弹在我的脑袋两侧炸开了，飞溅的火花点着了我的头发。我正边跳着舞，边转身走下台阶，还没有察觉到自己着火了。突然之间，我感到自己的双手条件反射地伸向头顶，企图拍灭火苗。我倒在地上，一心只想把火弄灭。杰梅因此时转过身来，看到我倒在地上，这时镁光弹已经炸完了，所以他以为我是中枪了——当时我们是在一大群观众面前进行拍摄，他以为是人群里有什么人对我开了枪。反正在他看起来就是这么回事。

　　我手下的米科·白兰度是第一个跑到我身边的，后面的一切都乱了套，现场跟发了疯似的，场面相当戏剧化，拍电影都没有那么夸张。观众在尖叫，有个人喊道："快去拿冰块！"慌乱的奔跑声响成一片，人们叫着："哦，不！"救护车终于来了，我被抬上车之前，看到百事可乐公司的高管们挤在角落里，他们看起来都被吓呆了。我记得医护人员把我抬上担架的时候，他们甚至都不敢凑过来看看我的伤势究竟如何。

　　与此同时，我虽然剧痛难忍，却有种置身事外的感觉，就像在看戏。后来他们跟我说，我当时休克了，但我记得自己明明还挺享受这趟去医院的旅程，因为我没想到自己有朝一日也会搭乘警笛呼啸的救护车，这可是我小时候一直向往的事情之一。到了医院，他们跟我说外面已经聚集起了一大群记者，所以我要来了我的手套。有张著名的照片，就是我戴着手套，从担架上向人们挥手致意。

后来一个医生跟我说，我当时能活下来简直是个奇迹。有名消防员曾提到过，在大多数情况下，如果你的衣服已经起火，你要么毁容，要么就直接被烧死。情况就是这么严重。我的后脑勺三级烧伤，差点烧到颅骨，后续的麻烦还不小，但我能活下来就很幸运了。

正如我们现在所知，这起事故给百事的广告带来了大量的关注度，百事可乐的销量空前上涨。百事公司为此来找我，他们支付了我一笔有史以来最贵的广告签约费。这金额如此空前绝后，以至于都被收录进了《吉尼斯世界纪录大全》。后来百事又跟我合作拍了另一部广告片，叫作《孩子》（The Kid）。我给他们出了点难题：要求在广告中减少关于我的镜头，因为我觉得他们要求我拍的那些镜头效果不好。后来，广告片大获成功，他们承认我之前的想法是正确的。

我至今还记得那些百事高管们在事故当天惊慌失措的样子，他们本以为我被烧伤，会让每个美国孩子一想到喝百事可乐的时候就觉得满嘴苦味。他们知道我原本是可以起诉他们的，我原本是可以这么做，但我当了回好人，大好人。他们赔偿了我 150 万美元，而我立刻把这笔钱全部捐给了"迈克尔·杰克逊烧伤治疗中心"（Michael Jackson Burn Center）。我在住院时遇到了不少烧伤病人，他们的遭遇深深打动了我，我想为他们出一份力。

接下来就是"胜利巡演"（The Victory Tour），我和兄弟们在五个月内一共举办了55场演唱会。

我原本不想进行巡演，也极力反对过，甚至觉得最明智的事就是不参加巡演。但我的兄弟们一心想搞巡演，就算为了他们我也得去。我对自己说，既然答应了，那么我就得全身心地投入其中。

结果巡演真的搞起来之后，我的很多想法都被否决了。但我站在舞台上时不会去想这些，我要做的就是全身心地投入演出。对于"胜利巡演"，我的目标就是在每场演出当中全力以赴。我想让那些原本不喜欢我的人也能来看演出，我希望他们会听说这次巡演有多好，从而想来一探究竟。我想让演出效果有口皆碑，吸引各色人等前来观看。好口碑就是最好的公关宣传，没啥比口碑更重要。要是有个我信得过的人跟我推荐某样东西，说这个东西很好，我是会接受的。

"胜利巡演"期间，我感到自己充满了力量，仿佛站在世界之巅，坚定不移。巡演带给人的感觉，类似于"我们是一座高山，前来与你分享我们的音乐，讲述我们的故事"。演出开始的那一刻，我们从舞台上徐徐升起，走下台阶，这样的开场充满戏剧效果，光彩夺目，引人入胜。当灯光亮起，观众看到我们，欢呼声简直要掀翻屋顶。

　　再一次跟兄弟们同台演出的感觉棒极了。巡演让我们得以重温"杰克逊五兄弟"和"杰克逊家族"时期的美好时光。我们重新聚在一起，杰梅因也回到了我们当中。我们大受欢迎，人气如日中天，这次乐队巡演也是有史以来最大规模的室外演出，但我却从一开始就对巡演感到失望。我原本想要让演出达到前所未有的全球影响力，想呈现出让人能惊叹"哇哦，这实在太棒了"的演出效果。尽管演出反响已经很棒，观众表现也很热情，但我还是很不高兴。因为我压根就没有时间，也没有机会让演出达到我想要的、尽善尽美的效果。我对《比莉·珍》的舞台效果很失望，我原本想要呈现的东西远远不止如此。我不喜欢舞台灯光的设计，自己的舞步也远没有达到预期标准。我不得不接受这一切，对现实妥协，但这简直就跟杀了我一样难受。

　　有好几次，演出马上就要开始了，我还要处理各种乱七八糟的事情——有公事，也有私事。我会想："我不知道怎么才能挺过去，不知道要怎样才能撑过这场演出，我不能这副样子就登台表演啊。"

　　然而，一旦我走到舞台侧幕，一切就变了。当旋律响起，当灯光亮起，那些困扰我的问题仿佛全都不翼而飞。很多次都是如此，演出的激情令我忘乎所以，就仿佛上帝在我耳边说："是的，你能行的，是的，你能行的，等着瞧吧，等着听吧，

等着看吧。"紧接着，强劲的节奏深入我的骨髓，震颤着我的身体，接管了我的灵魂。有时我在台上忘乎所以，自由发挥，而乐手们面面相觑，疑惑着"他在干吗呢？"，不过他们很快就会跟上我的节奏。打乱演出曲目就是这么轻而易举，你可以在表演中途停下，改变节奏风格，一切变得如此不同，音乐在引领着我选择不同的表现方式。

"胜利巡演"的过程中，有部分时间我会随着曲调即兴发挥，而观众则会跟着我重复。我唱"哒、嘚、哒、嘚"，他们也跟着唱"哒、嘚、哒、嘚"。有好几次我一唱完，他们就开始跺脚。当整个场馆内的观众一起跺脚时，那简直山摇地动，听起来就跟地震了似的。哦！那种感觉真是无与伦比，整个场馆内的所有人都在跟着你做同一件事，这是世界上最绝妙的感受。你放眼望去，婴儿、小孩、爷爷奶奶、二三十来岁的男男女女，每个人都高举双手，摇摆身体，放声高歌；你要求打开场内灯光，这样便能看清他们每个人的面孔；你说"手牵手"，他们就会手牵手，你说"站起来"或者"鼓起掌来"，他们就会站起来、鼓起掌来。他们完全陶醉其中，不管你说什么，他们都会照着做。他们享受着这一刻，而这一刻是如此美丽——所有不同种族的人们团结一致，做着同一件事。此时此刻，就像我说的那样："看看你们周围，看看你们自己，看看你们周围，看看你们所做的一切。"哦，那场面如此之美，如此充满力量，那真是伟大的时刻。

　　自从《颤栗》发行两年以来，"胜利巡演"是我第一次有机会出现在如今的迈克尔·杰克逊歌迷面前。人们会有些奇怪的反应。要是我在过道里跟歌迷偶遇，他们会说："不，那不可能是他，他不可能出现在这里。"这让我很是困惑，不禁自问："为什么不可能是我？我是个生活在地球上的人，某时某刻我就会待在地球上的某个地方，为什么不能是这儿？"有些歌迷看到你的时候，还以为自己看到的是个幻象，以为我并不是真实存在的。他们看到你，就好像看到了奇迹。有个歌迷甚至问我平时上不上卫生间，这可真够令人尴尬的。他们大概过于激动，都忘记了一个基本的事实：我跟他们一样，也是人。不过我也能理解他们的心情，要是我某天突然遇到了华特·迪士尼或者查理·卓别林，我也会跟他们一样激动。

　　堪萨斯城是巡演的第一站。我记得那是"胜利巡演"的头一个夜晚，我们正沿着酒店的水池散步，弗兰克·迪莱奥突然一个踉跄，摔进了水池里。人们看到这一幕都有些兴奋，而我们的人则有些尴尬，不过我可是笑得很开心。弗兰克没有受伤，他一脸惊讶地爬了上来。后来，我们翻过了一堵矮墙，发现自己来到了没有任何保安的大街上。人们似乎不敢相信我们会在街上闲逛，全都跟我们保持着距离。

　　回到酒店之后，我跟比尔·布雷讲述了我们的冒险经历。比尔在我小时候就已经是保安人员的头儿，他听了又是摇头又是大笑。

比尔对待安保工作可谓是小心翼翼、兢兢业业，但他从不为事后的事情而感到担忧。不管我去哪里，比尔都跟着我，有些短途旅行当中，他就是我唯一的同伴。我无法想象如果生活中没有比尔会是什么样。他既热情又风趣，对生活充满了爱，是个很棒的人。

巡演到了华盛顿特区的时候，有天我跟弗兰克站在酒店的阳台上，他是个很有幽默感的家伙，喜欢搞恶作剧自娱自乐。我们互相逗乐，我从他口袋里抽出几张百元大钞，向楼下路过的行人撒了下去。这一下差点引起骚乱。弗兰克本想阻止我，结果我俩都笑个不停。这让我想起了过去跟兄弟们在巡演途中搞的恶作剧。弗兰克还派保安人员到楼下去，看看灌木丛中是不是还有没被人捡走的钞票。

在杰克逊维尔，从酒店到演出场馆只有四个街区，我们却遇上了车祸，当地的警察简直要命。之后在佛罗里达州的其他地方，我之前那种对巡演的厌倦之情又发作了，于是我对弗兰克搞起了小小的恶作剧。我叫弗兰克来我的套间，请他吃西瓜。西瓜放在房间另一头的桌子上，弗兰克朝着桌子走去拿西瓜，被埋伏在途中的大蟒蛇"肌肉"给绊倒在地。"肌肉"是我养的宠物，巡演的一路上我都带着它，它不会伤人，但弗兰克很怕蛇，一看到它就跳起来大喊大叫。我带着"肌肉"追着他满

跟比尔·布雷一起玩闹

屋子跑，可惜弗兰克比我们跑得快。不过他实在是被吓坏了，跑出了房间之后，他居然抢了保安的枪，想要射杀"肌肉"，好在最后保安让他冷静了下来。后来他说，他当时满脑子就是"我非得杀了那条蛇不可"。我发现很多硬汉都怕蛇。

就跟过去一样，巡演期间，我们跑遍美国各地，却只能待在酒店里。于是我、杰梅因和兰迪又开始故技重施，搞起了当年的恶作剧：我们装了几桶水，从酒店阳台上往下泼，瞄准了底下庭院里正在用餐的人们。可惜我们所在的楼层太高了，水泼到下面已经变成了一片水雾。一切仿佛又回到了过去的旧时光，为了把我们跟歌迷隔开，我们就必须被困在酒店里，百无聊赖，除非有一大群安保人员跟着，否则我们哪里也去不成。

不过巡演中也有很多充满乐趣的日子。巡演期间，我们有不少空闲时间，可以拿出五个短假去迪士尼乐园玩。有一次，我们住在迪士尼的酒店里，一件不可思议的事发生了。我永远也不会忘掉那一刻：当时我正站在酒店的阳台上，从那里可以俯视一片开阔的广场，广场上全都是人，摩肩擦踵，人头济济。正巧人群当中有一个人认出了我，他开始尖叫我的名字，紧接着广场上的数千人也跟着叫起来："迈克尔！迈克尔！"呼喊声回荡在整个乐园里，他们就这么一直叫着，声音变得越来越大，这时如果我再不承认身份就太失礼了。而我刚一给出回应，所有人都尖叫起来。我不禁说道："哦，这真是太美妙了，这

真是太好了。"我为《颤栗》付出的心血,我为此流下的泪水,我为了梦想而坚持的努力,录制歌曲时的辛劳——我为此筋疲力尽,累到站在麦克风前就睡着了,而我付出的这一切,都在人们对我所表达的喜爱之情中得到了回报。

还有好几次,我去剧院看戏,一走进剧院,每个人都开始鼓掌,仅仅是因为我碰巧在场,他们就会如此高兴。这样的时刻令我倍感荣幸,无比幸福,我感到自己所付出的一切努力都是值得的。

我们本来想把"胜利巡演"命名为"最后一幕",因为我们都意识到,这将是我和兄弟们共同进行的最后一次巡演。但最终,我们还是决定不要强调这一点。

我很享受这次巡演。我知道这一路会很长,甚至最终看来,巡演有点拖得过长了。对我来说,巡演中最美妙的那部分就是观众中的孩子们。每个演出之夜,都会有很多孩子盛装打扮,前来观看演出。他们是如此激动,就连我也被他们深深感染。看到这些来自不同民族、不同年龄的孩子,让我想到我从小就有的一个梦想:希望能够通过爱和音乐,把全世界的人民团结起来。时至今日,当我听到披头士的《你所需要的只是爱》(All You Need is Love)的时候,我还是会激动得起一身鸡皮疙瘩,我一直都希望这首歌能成为全世界人民的圣歌。

我喜爱在迈阿密的演出,以及在那里度过的时光;在科罗拉多州的演出也很棒，我们还去"驯鹿牧场"（The Caribou Ranch）放松了一把；纽约的演出总是很棒，一如既往：以马内利·刘易斯[1] 来看了我们的演出，还有小野洋子[2]、肖恩·列侬[3]、波姬·小丝等许多好朋友也来了。现在回想起来，后台的时光和舞台上的时光一样，都给我留下了难以磨灭的记忆。有些演出当中，我会变得忘乎所以，我还记得自己是如何挥舞着夹克衫，将它们抛给观众。负责服装的工作人员对我给他们造成的麻烦困扰不已，我只能诚恳地对他们说："我很抱歉，但我就是忍不住要那么做，我实在控制不住自己，就跟被什么东西附体了似的，我知道自己不该这么干，但我就是没法控制自己。我身体里充满了跟大家身心交融的快活劲儿，我只能把它全部释放出来。"

239

　　在"胜利巡演"期间，我们收到了小妹妹珍妮结婚的消息。起初大家都不敢告诉我这个消息，因为我跟珍妮亲密无间，我知道这个消息也很震惊，我确实对她有一种强烈的保护欲。最后还是昆西·琼斯的小女儿把消息透露给了我。

　　我有三个美丽的姐妹，我跟她们之间都有着亲密而深厚的

① 　以马内利·刘易斯（Emmanuel Lewis，1971.3.9—）：美国演员、天才童星，身高永远定格在 1.30 米。2005 年在世界百大童星中获第六名。
② 　小野洋子（Ono Yoko，1933.2.18—）：日裔美籍音乐家、先锋艺术家，约翰·列侬之妻。
③ 　肖恩·列侬（Sean Lennon，1975.10.9—）：美国歌手、作曲家、音乐家、演员。约翰·列侬与小野洋子之子，日本名小野太郎。

感情。拉托娅是个妙人儿，她很容易相处，但她也有脾气古怪的一面。如果去她的房间，你不能坐在沙发上，也不能坐在她的床上，甚至都不能踩在她的地毯上。这是真的，不然她就会把你赶出房间。她总是想让她房间里的一切都保持得完美无瑕。我说："你自己总会有踩在地毯上的时候吧。"可她就是不想让地毯上留下任何印子。如果你在吃饭时咳嗽两声，她就会用手把盘子盖起来；要是你打了个喷嚏，那就更别提了。反正她就是这样的人。母亲说她自己年轻时也是这副脾气。

　　珍妮则完全不同，她一直都是一个假小子。在家的时候，很长时间以来，她都是我最好的朋友。这也是为什么她要离家结婚会让我如此难过。我们过去做什么事都黏在一起，我们趣味相投，就连笑点都一模一样。在更小的时候，我们会在"有空"的日子里，一大早起床就写下一整天的计划，通常是这样的：起床，喂小动物，吃早餐，看动画，去电影院，下馆子，再看一场电影，回家，去游泳。那就是我们小时候理想的一天。到了晚上，我们会再对着这张计划表，一起回味这一整天的乐趣。

　　跟珍妮在一起很开心，因为我们做什么都不用担心另外一个人会感到无聊，我们喜欢的东西全都一模一样。我们有时还会互相念书给对方听。珍妮跟我就像双胞胎。

　　拉托娅跟我就玩不到一块儿去，她都不肯去喂小动物，光是动物身上的气味就能让她敬而远之，更别提叫她跟我一块儿去看电影了。她完全不懂我为什么会喜欢《星球大战》

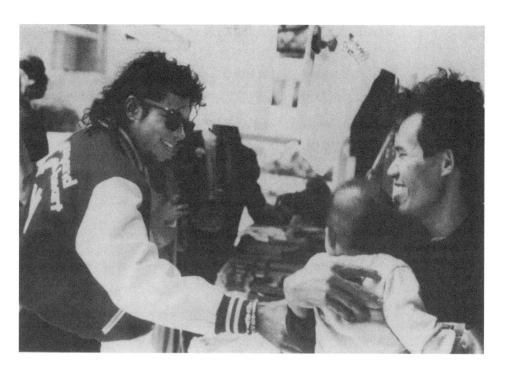

我对小婴儿毫无抵抗力，摄于 1987 年的中国。

《第三类接触》和《大白鲨》，我们俩对电影的口味简直相差十万八千里。

只要珍妮在附近，我手头又没啥事在忙，我们总是形影不离。但我知道，我们最终会发展出各自的爱好，找到各自的归宿，这是无法避免的结果。

不幸的是，珍妮的婚姻没能维持多久。不过她现在又找回了快乐。我坚信，如果你找到了对的那个人，那么婚姻就会幸福美满。我相信爱情，并且坚信不疑——如果你谈过恋爱，你又怎会怀疑？我相信两人之间的亲密关系，如果有一天我找到了对的人，我也会走进婚姻。我一直想要孩子，实际上，我很向往拥有一大家子人，因为我自己就是来自一个大家庭。我幻想过自己组建一个大家庭，我还想象自己被十三个孩子环绕着。

现在，工作还占据着我的全部生活，也主导着我的喜怒哀乐。我将全部时间都用于工作。我爱创作，也爱投入全新的项目之中。至于将来，就顺其自然吧，时间会给出答案。对我来说，要依赖另一个人是很困难的，但我愿意想象和尝试。只是眼下我还有那么多想做的事，还有那么多工作有待完成。

对于那些批评我的声音，有很多次我都忍无可忍，想不在意都不行。记者们可以为了报纸销量而编造出任何东西来，他们说我把眼睛给整大了，还说我想要让自己看起来更像个白人。更像个白人？这种话算是什么意思？整形手术又不是我发明的，早在很久以前就有人做整形手术了，很多正直善良的好人都做过整形手术，没有人对他们评头论足，也没有人去抨击他们。这不公平。报纸上刊登的关于我的报导绝大多数都纯属虚构，这足以让人发问："真相它到底怎么了？现在说真话都已经过时了吗？"

最终，我只能告诉自己，最重要的事还是忠于你自己，忠于你所爱的人，并且努力工作。我是说，把每一天都当成生命的最后一天去努力，去锻炼自己，去奋斗拼搏。我的意思是，你需要真正花功夫去训练自己，培养你的天分，把你的才能发挥到极致，不管做哪一行都要做到最好。在你的领域里，你要比任何人都了解得深。你要善于利用你这一行业的工具，不管是书，是用来跳舞的地板，还是用来游泳的水池。无论是什么，它都是属于你的。我总是这样提醒自己。在"胜利巡演"期间，我也在不断思考这些道理。

巡演即将结束，我觉得自己在"胜利巡演"中成功地打动了很多人，尽管方式跟我想象中的并不太一样，但我相信，在不久的将来，当我举办个人演唱会或拍电影之后，我就可以用自己理想中的方式来做到这一点。我把所有的演出收入都捐给了慈善团体，其中包括捐给烧伤治疗中心的一笔基金，我在拍百事可乐广告被烧伤后就是在那里得到医治的。光那一年，我们捐出的钱就超过 400 万美元。对我来说，这就是"胜利巡演"的全部意义所在——爱的回馈。

经历了"胜利巡演"之后，我对自己职业生涯作出决策时变得前所未有的谨慎。我从早先的巡演中吸取了不少教训，而当我在"胜利巡演"的过程中遭遇困难时，那些教训仿佛历历在目。

多年之前，我们曾经跟某个家伙合作进行过一次巡演，后来那个家伙卷钱跑路了，但他也教会了我一个道理。他当时说："听着，所有的人都是为你工作的，而不是你为他们工作。是你付钱给他们啊。"

他不断地跟我这么说，直到我终于开始理解这话到底是什么意思。对我来说，这是个全新的概念。因为过去在摩城，我们一直都被安排得明明白白的，是由别人来决定我们的一切。那种经历给我留下了很深的心理阴影。"你必须穿这个，你必须做那个，你得去那儿，你得接受这个采访，你得上那个电视节目。"在摩城，事情就是这样，我们不能提出任何异议。我已经习惯了这种思维模式，直到那家伙跟我说，我应该掌控一切，我才终于恍然大悟。我意识到他说得没错。

不管怎么说，我欠那家伙一份人情。

《伊奥船长》（*Captain Eo*）的出现是这么回事：当时迪士尼希望我能为乐园开发新的项目。他们说，他们不在乎我做什么，只要有创新就好。那天下午，我跟他们一起开了个大会，在会议上我告诉他们，华特·迪士尼是我心目中的英雄，我对迪士尼的历史和理念都很感兴趣，所以我希望我要做的事是迪士尼先生本人会赞同的事。我读过很多关于迪士尼先生和他的创意王国的书籍，他的做事方式对我来说很重要。

最终，他们请我拍一部电影，我答应了下来。我告诉他们，我想跟乔治·卢卡斯 [1] 和史蒂文·斯皮尔伯格 [2] 合作。然而史蒂文很忙，于是乔治引荐了弗朗西斯·福特·科波拉 [3]，《伊奥船长》的拍摄团队就这么定了下来。

我几次飞去乔治在旧金山的"天行者庄园"，与他进行探讨，我们逐渐打磨出了一个短片的剧本，打算结合目前最先进的 3D 技术进行拍摄，这样观众在看《伊奥船长》时，就会感到自己仿佛乘坐在宇宙飞船中进行太空之旅。

《伊奥船长》讲述的是一个音乐改变世界的故事。影片的名字《伊奥船长》来自于乔治的创意（伊奥，即 Eo 在希腊语中是"黎明"的意思）。大致情节是讲一个肩负使命的年轻人来到了一个被邪恶女王统治的悲惨星球，他的任务是为这里的人们带来光明与美，最后正义战胜邪恶，人们尽情庆祝。

拍摄《伊奥船长》加深了我一直以来对电影的喜爱之情，

245

---

[1]　乔治·卢卡斯（Geroge Lucas，1944.5.14—）：美国导演、编剧、制片人，1977 年凭《星球大战》入围第 50 届奥斯卡金像奖最佳导演奖。

[2]　史蒂文·斯皮尔伯格（Steven Spielberg，1946.12.18—）：美国导演、编剧、制作人、奥斯卡金像奖、金球奖多项大奖获奖者。

[3]　弗朗西斯·福特·科波拉（Francis Ford Coppola，1939.4.7—）：意大利裔美国导演、编剧、制片人。

也让我越发意识到，或许我未来就该往电影方向发展。我打小就爱看电影，在看电影的那两个小时之中，你仿佛被送入了另一个世界。电影可以带你去任何地方，这就是电影的魅力所在。我会坐下来，说着："好啦，让我抛开凡尘俗世，带我去一个美妙的世界吧，让我忘掉压力、烦恼，还有那日复一日的日程表吧。"

　　我也爱面对35毫米的摄影机镜头。过去我经常听到兄弟们抱怨："这个镜头能快点拍完就好了。"我真不明白他们为什么无法感受到拍电影的乐趣。我在片场总是在四处观察，希望能学到点东西，比如导演这么拍的意图是什么，灯光师又在做什么。我想知道光是从哪里打过来的，导演翻来覆去拍同一个镜头又是为了什么。我也很喜欢听导演讲解为什么剧本要这么改动。我把这一切都视为自己在电影方面的持续教育。开创性的想法总能令我激动不已，而如今的电影行业正受困于缺乏创意，有太多的人都在做同样的事。那些大电影公司则让我想起当年我们跟摩城意见不合时对方的反应：他们只想要最简单的答案，想让所有人都按部就班，一切都要按照模板来——结果当然是十拿九稳地——令观众感到审美疲劳。这个行业里的大多数人做的都是同一套老掉牙的东西，不过乔治·卢卡斯和史蒂文·斯皮尔伯格算是例外。

　　我打算作出改变，总有一天，我要改变这一切。

　　我跟马龙·白兰度成为了彼此信赖的亲密好友。我都说不清他到底教给了我多少东西。我们坐下来一聊就是好几个小时。他告诉了我大量关于电影的知识。他是一名非常出色的演员，跟业内许多巨星都有合作——不仅仅是其他演员明星，还有很多著名导演。他非常尊重电影的艺术价值，这也令我满怀敬畏。他对我来说就像是父亲一样。

那段时期，电影是我的头号梦想，不过我也有许多其他的梦想。

1985 年初，我们在全美音乐奖颁奖典礼结束之后，以全明星阵容通宵录制了《天下一家》（We Are the World）。我在新闻中看到埃塞俄比亚和苏丹的难民饱受饥荒之苦，惨状触目惊心，于是我与莱昂纳尔·里奇[①]共同创作了这首歌。

那段时间，我经常叫珍妮跟我去小黑屋，这个小黑屋就跟衣帽间或淋浴间差不多大，里面摆满各种有趣的音响设备装置。我在这个小房间里唱歌给她听，不是完整的歌曲，只是一些旋律片段，没有任何歌词。我在喉咙深处哼唱，问她："珍妮，你看到了什么？当你听到这段旋律，你脑海中浮现的画面是什么？"那一刻，她的回答是："那些正在死去的非洲儿童。"

"你说对了，这就是我从灵魂深处听到的声音。"

于是她说："你要表达的是非洲，是那些正在饥饿中死去的孩子们。"《天下一家》就是由此诞生的。我们走进小黑屋，

---

① 莱昂纳尔·里奇（Lionel Richie，1949.6.20— ）：美国歌手、词曲作者、演员。

我哼唱旋律给珍妮听，而她领会了我想表达什么。在我的心目中，这是歌手必须具备的能力，即使在一个黑暗的房间里，我们也必须有能力演绎歌曲，做到有效地传情达意。我们如今依赖于电视，而这其实让我们失去了不少东西。即使没有如今的一切高科技手段，没有电视画面，作为歌手，你也必须有能力仅仅通过声音来打动人心。

我从记事起就一直在进行表演，因此我掌握了不少诸如此类的窍门。

在我看来，《天下一家》是一首非常神圣的歌，而它的神圣之处正在于它的与众不同。作为这首歌的创作者之一，作为当晚献唱这首歌的歌手中的一员，我感到非常自豪。改变世界的渴望把我们团结在一起，我们希望这首歌能让世界变得更美好，我们希望通过这首歌能帮助到饥荒中的难民，我们希望这首歌能改变他们的生活。

这首歌获得了几个格莱美奖，除了《比莉·珍》之外，人们也能在电梯的背景音乐中听到《天下一家》的轻音乐版本。当我刚开始创作这首歌的时候，我就想着这首歌应该由孩子们来演唱。当我终于在乔治·杜克录制的版本中听到童声演唱的《天下一家》时，感动得几乎落泪。那是我听过的最好的版本。

在完成《天下一家》之后，我再次决定淡出公众视线。在此后的两年半里，我的大部分时间都用来打造《颤栗》之后的下一张专辑，那张专辑后来被命名为《真棒》（*Bad*）。

打造《真棒》为什么需要那么长时间？答案是我和昆西都下定决心要把它打造得尽善尽美。完美主义者需要时间慢慢来打磨作品，他需要反复雕琢，直至一切都十全十美，在他自己感到满意之前，他是绝对不会放过自己的，他做不到。

如果一首歌给你的感觉不对头，你就得丢掉这一版重新来过。你至少得做到自己的感觉对头为止，只有当你已经竭尽全力，把这首歌做到你力所能及的完美，你才可以把这首歌拿出去发行。真的，你得做到自己的感觉对头为止，这就是窍门，这就是霸榜数周之久的冠军唱片跟排名第三十的唱片之间的区别。只要你这么做，你就能做出好歌来，你的歌就能一直占据榜首，令整个世界都好奇它到底还会霸榜多久。

很难解释我跟昆西之间是如何一起炮制出一张专辑来的。我做的就是写歌谱曲，而昆西负责把我最好的一面挖掘出来。这是我能给出的唯一解释。昆西会听我写的歌，然后做出调整。他会说："迈克尔，你应该调整一下这个部分。"于是我就去调整这个部分。他就是这样指导我、帮助我进行创作，协助我创造出新的音效、新的音乐类型的。

我们也会争执。在打造《真棒》期间，我俩也有意见分歧。我们吵得最凶的就是关于那些新生事物，那些最新的技术。我会说："昆西，你知道吧，音乐一直都在变化之中。"我想要采用最新流行的鼓点，我想要赶在潮流之前，只有这样我们才能保持前进，我们才能打造出最佳唱片。

我们从不试图去迎合歌迷，只在乎做好歌曲的质量。人们是不会为垃圾付钱的，他们只买自己喜欢的唱片。歌迷会不嫌麻烦地开车去一趟唱片店，愿意在收银台前掏出腰包来买单，肯定是为了自己真正喜欢的唱片。歌手也不会说"我要针对乡村民谣市场发行一首民谣，针对摇滚乐市场发行一首摇滚歌曲"，诸如此类。所有不同类型的音乐对我来说都不陌生。我喜欢某些摇滚歌曲，也喜欢某些乡村歌曲，还喜欢某些流行歌曲，以及所有的老摇滚乐唱片。

我们还真的出过一张摇滚版的《避开》，当时我们找来了艾迪·范·海伦担任吉他手，因为我们知道他能做到最好。我们做唱片，是希望不管什么种族，不管什么音乐品位的人都能够欣赏。

其实到了最后，很多歌曲的创作过程都是自然而然、水到渠成的。你到时候会觉得："这就对了，这首歌就该这么唱。"当然，我们也不是每一首歌都会写成节奏强劲的舞曲。比如《与你同舞》就不是一首劲爆舞曲，它更适合老式的摇摆舞，但它的节奏与《满足为主》《日夜操劳》或《挑起事端》又有所区别，这类节奏的歌可以让你在舞池里跳得大汗淋漓、精疲力尽。

我们花费了以年计算的大量时间来打磨《真棒》，而这一切是值得的。我们对最终成果相当满意，而要让我们感到满意是很困难的。我们当时相当焦虑，感觉就像是自己在跟自己较劲儿。一旦你脑子里想的都是超越自我，就很难做出让自己满意的作品了。但就算你不这么想，人们也照样会拿《真棒》去跟《颤栗》做比较。你当然可以说"哦，忘掉《颤栗》吧"，但实际上没人做得到。

　　我在这种情况下反倒具备几分优势，因为我总是能在压力之下拿出最佳表现。

　　《真棒》是一首关于街头的歌曲。它讲的是有个孩子住在一个很糟糕的社区里，而他去了一所私立学校上学。当学校放假，他回到这个破旧的社区时，那些社区里的孩子都看不惯他，来找他的麻烦。于是他唱："我很棒，你很棒，谁才是真棒？谁才是最棒？"（I'm bad, you're bad, who's bad, who's the best?）他的意思是，如果你既强大又善良，那你就真的很棒。

　　《镜中人》（Man in the Mirror）寓意深刻。我很喜欢这首歌，如果约翰·列侬还活着，人们大概会觉得这首歌跟他有关。因为这首歌要表达的内容是，如果你想让世界变得更美好，那么你首先要让自己变得更好。这跟肯尼迪总统所说的"不要问国家能为你做些什么，先问问自己能为国家做些什么"，其实是同一个意思。如果你想让世界变得更美好，就先看看自己有什么地方能够变得更好。就从你照镜子看到的那个人开始做出改变吧，从自己开始做出改变，不要老是盯着别人的不是，就从

你自己开始做起。

　　这就是真理。马丁·路德·金和甘地都讲过类似的道理，我也对此坚信不疑。

　　好些人问我，在写《我无法停止爱你》这首歌的时候，我的心里是不是想着某个人。我说，真的没有。我在唱这首歌的时候心里确实在想着某个人，但我在写歌的时候并没有。

　　《真棒》中的所有歌曲都是我写的，只有两首例外：《镜中人》是席依达·盖瑞特[①]与乔治·巴拉德合写的；《只是好朋友》（Just Good Friends）则是另外两位音乐人的作品，他们为蒂娜·特纳[②]写过《与爱何干》（What's Love Got to Do With It）。当时我们想要一首二重唱，可以让我跟史提夫·汪达一起唱，而他们恰好写了《只是好朋友》。这首歌原本是为我一个人写的，他们压根也没打算把它写成二重唱，但我就知道，我跟史提夫一起唱的效果才是最好的。

　　《你我是一体》（Another Part of Me）是我最早为《真棒》所写的那批歌曲之一，它首次亮相是在银幕上——在影片《伊奥船长》的结尾，当船长跟大家告别时，这首歌便响起了。《速

254

---

① 　席依达·盖瑞特（Siedah Garrett，1960.6.24—）：非洲裔美国作曲家、歌手、填词人。

② 　蒂娜·特纳（Tina Turner，1939.11.26—2023.5）：瑞士籍美国女歌手、演员。摇滚教母。

1987 年，在纽约市地铁站里拍摄《真棒》的 MV。

度之魔》（Speed Demon）是一支机械舞曲。至于《你给我的感觉》（The Way You Mad Me Feel）和《犯罪高手》（Smooth Criminal）则是我处于最佳状态下的力作，至少我自己是这么看待这两首歌的。

《别来烦我》（Leave Me Alone）只被收录在《真棒》专辑的激光唱片之中。我在这首歌上下了功夫，令声乐部分的叠加效果犹如天空之中的层层云朵，而歌词则道出了我的心声："别来烦我。"歌曲本身讲述的是男孩和女孩之间的关系，但我真正想表达的是对那些老是来烦我的人说："别来烦我。"

成功带来的压力会使人做出匪夷所思之事。有些人一炮而红，快速成名，在他们的生命中，成功来得如此猝不及防。对于这其中的一部分人来说，他们不知道应该如何对待成功，成功对他们也只能是昙花一现。

而我在这个行业当中已经浸淫多年，看待名声的角度自然也不一样。我学到了一点：如果你想保持真我，就得减少个人宣传，尽量做到为人低调。我猜这样做也是有利有弊。

在成名这件事上，最麻烦的部分就是你简直毫无隐私可言。我还记得在拍摄《颤栗》时，杰奎琳·奥纳西斯 [1] 和沙耶·阿

---

① 杰奎琳·李·鲍威尔·肯尼迪·奥纳西斯（Jacqueline Lee Bouvier Kennedy Onassis，1929.7.28—1994.5.19）：美国前第一夫人、摄影记者、自由编撰者。MJ 挚友。

尔哈特①来加州跟我讨论脚本，而记者们无孔不入，甚至连树上都全都是记者。对我们来说，不管做什么事，想不被人注意、不被报导，根本就是完全不可能的。

　　成名的代价有时就是这么沉重，这样的代价又是否值得？试想一下，你的生活中连一点隐私都没有，如果不经过特殊安排，你甚至什么事都做不了。不管你说什么都会见报，不管你做什么都会被报导。不管你买了什么东西，看了什么电影，记者全都知道。如果我去公共图书馆，他们就会报导我借了哪本书。有一次，在佛罗里达州，他们把我一整天的日程全都登在报纸上，从早上十点到晚上六点，我所做的一切事无巨细都被登了出来："他先去做了这个，再去做了那个，在做完那个之后，他又去了哪儿，紧接着他又去了哪儿，再然后他……"

　　我记得当时自己不禁思考："如果我要做的事是我不想被媒体报导出来的事，我到底要怎么做？"而这一切就是成名的代价。

　　我认为，我在公众眼中的形象遭到了扭曲。尽管媒体会像我刚才所说的那样，盯着我的一举一动，进行事无巨细的报导，但对于我到底是一个怎样的人，公众是无法从这些报导中得到一个清晰或全面的了解的。在某些情况下，媒体还会故意歪曲事实。他们会故意掩盖真相，只报导事情的一半，以达到耸人

257

────────────

①　沙耶·阿尔哈特（Shaye Areheart）：《月球漫步》原始编辑，与杰奎琳·奥纳西斯参与编辑了《月球漫步》初版。

听闻的效果，因为他们知道，如果把事情的另一半也报导出来，那么新闻的轰动效应就会大大降低。而这导致的结果就是，我在某些人的眼中变成了一个任人摆布的傀儡，无法掌握自己的事业。然而事实根本就不是这样的。

有人指摘我过度重视隐私，这倒是真的，我确实如此。如果你是个名人，人们就会盯着你看，观察你的一举一动，我虽然对此表示理解，却很难做到毫不在意。如果你要问我为什么总是在公众面前戴着墨镜，我会告诉你，原因很简单，我只是不想跟那么多人有频繁的目光接触。戴上墨镜可以让我藏起那么一点点的自我。在我拔掉智齿之后，牙医给了我一个口罩，让我回家戴着，以免细菌感染。我爱死了那个口罩，它很棒——比戴墨镜的效果还要好——我戴着它开心了好一阵子。我的生活几乎完全没有隐私可言，哪怕只能藏起那么小小一部分的自我，对我来说都是一种喘息。我知道人们可能会觉得这种行为很古怪，但我就是想要点隐私。

我无法回答自己到底是否喜欢成名的感觉，但我确实喜欢实现目标的感觉。我不仅喜欢实现自己设定的目标，更喜欢超越目标的感觉。你能做得比你想得更好，这种感觉真的很棒，简直无与伦比。我认为给自己设定目标是一件很重要的事。有了目标，你才知道自己到底要干什么，要怎么去干。没有目标，你就永远也不会知道自己到底会达到什么高度。

我经常开玩笑说，不是我要唱歌跳舞，而是音乐和舞蹈选

跟我的侄子泰吉在一起玩得很开心。

抵达澳大利亚悉尼，手里举着的是来自一名年轻歌迷的礼物。

择了我。这其实是真的。当我张开嘴，音乐便流淌而出。我为自己拥有这样的天赋而深感荣幸，为此我每一天都对上帝心怀感激。我努力培养上帝赐予我的天赋，我觉得我有义务这么做。

我们身边有那么多值得感激的事物。罗伯特·弗罗斯特[①]不是曾经写过"一花一世界，一叶一天堂"吗？我觉得一点没错。这也是为什么我如此喜爱跟孩子们待在一起。他们对任何事物都充满兴趣，仿佛永远不知疲倦，令我们无动于衷的事，却能令他们激动不已。他们是如此天真烂漫，毫不做作。我爱被孩子们包围的感觉，我的家中总是有一大群孩子，我随时欢迎他们来玩。仅仅是跟他们待在一起，就能让我充满活力。他们用新鲜的目光看待一切，用开放的头脑思考一切，这也是为什么他们总是充满了创造力。他们不会墨守成规，没有规定画画非得画在画纸的正中，也没有规定天空必须得是蓝色的。他们也乐于接纳别人，唯一的要求就是公平友爱。我想，这也是我们每个人想要的。

我也希望自己能给孩子们带来激励和鼓舞。我希望孩子们喜欢我创作的音乐。得到他们的认可对我而言比什么都重要。孩子们往往很清楚哪首歌会红，有的小孩子连话都说不利索，却能跟着音乐的节奏摇摆起来，这真是有趣。但孩子们也是很挑剔的，实际上，他们是最挑剔的听众。有很多父母对我说，

[①]　罗伯特·弗罗斯特（Robert Frost，1874.3.26—1963.1.29）：20 世纪最受欢迎的美国诗人之一。

他们家的孩子听过《避开》或喜欢《颤栗》。乔治·卢卡斯跟我说，他女儿学会说的第一个词儿是"迈克尔·杰克逊"。我听了简直飘飘欲仙。

　　不管是在加州还是在旅行时，只要我有空，我就会去探访儿童医院。只要我出现在孩子们的面前，跟孩子们聊聊天，听他们说说话，他们就能高兴上一整天，而我也为此高兴不已。看到孩子们身患疾病是一件很令人难受的事。不管什么情况，孩子们都不该受苦受难。有些孩子甚至还不知道自己究竟得了什么病，这令我心如刀绞。跟他们在一起的时候，我只想紧紧抱住他们，只恨自己不能让这一切都好起来。有时病孩会找到我的家，或是在我旅行途中拜访我住的酒店。病孩的父母会设法跟我联系上，问我能否抽出几分钟的时间见见他们的孩子。跟这些病孩在一起，也让我意识到小儿麻痹症究竟给我的母亲带来了多大的痛苦。生命是如此宝贵又如此短暂，我们只有尽力帮助他人，才能不辜负如此宝贵而又短暂的生命。

　　要知道，我在青春期时因为迅速发育和皮肤问题而饱受困扰，那对我来说是一段艰难的日子，只有孩子们坚定地支持我，只有他们能接受：尽管我已经不再是那个小迈克尔了，尽管我的外形发生了巨大的变化，但我的内心仍然是同一个人。我永远都不会忘记，孩子们有多了不起。哪怕我不为了别的活着，哪怕我活着就只是为了帮助孩子们，对我来说也已经足矣。孩子们真是神奇无比，他们就是奇迹。

拍摄《犯罪高手》的 MV 间隙，与肖恩·列侬、布兰登·亚当斯以及凯莉·帕克在一起。

　　我是那种要把一切都牢牢掌控在自己手里的人。我有一个杰出的团队，对外能代表我出色地完成工作，对内能及时为我提供各种信息，让我得以作出判断和抉择，全面把控"MJJ 制作公司"（MJJ Productions）的各项工作进展。至于创作，则是我的专属领域。我喜爱创作，甚于生活中的任何其他部分。

　　我认为媒体几乎把我塑造成了一个道貌岸然的伪君子。这令我深恶痛绝却又无能为力。因为我通常很少谈论自己。我是一个腼腆的人，这一点倒是真的。我既不喜欢接受采访，也不喜欢在脱口秀节目中抛头露面。双日出版社（Doubleday）找到我，邀请我写这本书，我之所以会对出书感兴趣，也是因为我可以在书中说出我自己的想法——用我自己的文字，发出我自己的声音。我希望这本书能为我澄清那些误解。

263

　　每个人都有很多面，我也不例外。在公开场合，我往往害羞而拘谨。很显然，镜头面前的我和远离公众视线的我肯定是不一样的。我的朋友以及亲密的合作伙伴都知道我的另一面，但要我在公开场合展示自己的这一面实在太难了，尽管我大多数时间都是活在公众的目光之下。

　　但当我站在舞台上，就又是另一回事了。一旦进入表演状态，我就会忘乎所以。我完全不需要思考就可以掌控整个舞台。从踏上舞台的第一刻起，我就知道自己想要做什么，而我是如此享受在舞台上的每一分钟。在舞台上的我是全然放松的，这种感觉真的很棒。我在录音棚里也很放松，我很清楚一首歌的处理是否得当，如果录制出了问题，我也能找到解决之道。如果一切都能做得得心应手，称心如意，你自然会感觉良好，感到心满意足。人们过去低估了我创作歌曲的才华，他们从未把我看成一个词曲创作者，所以当我自己开始写歌时，他们就会用怀疑的目光看待我，质问："这歌真正的创作者到底是谁？"我不知道他们到底是怎么想的——难不成我还在我家车库里藏了个人替我写歌？然而时间终究会澄清一切。你必须不断地向别人证明自己，尽管有那么多人根本不愿意接受真相。我听说过怀特·迪斯尼的故事，他在创业之初也是从一个工作室跑到另一个工作室，到处兜售他的作品却又不断被人拒之门外，而当他最终得到了机会，获得了成功，所有人就都觉得他的作品相当了不起，简直举世无双。

264

　　有的时候，不公正的待遇反而能让你变得更加坚强、更加坚定。奴隶制是残酷可怕的，但当美国黑人最终从这残酷压迫中获得解放，他们变得更加强大了。他们深知被人掌控命运、被人摧残精神是一件多么可怕的事，因此他们绝不允许这种事再次发生。我钦佩那种力量。拥有那种力量的人必将挺身而出，以灵魂和鲜血捍卫自己的信仰。

　　人们常问，我到底是个怎么样的人。我希望读完全书他们能找到部分答案，不过以下内容或许也会有助于人们对我的了解：我最喜欢的音乐是博采众长的，举例来说，我喜欢古典乐，德彪西的《牧神午后序曲》和《月光》令我如痴如醉，普罗科

菲耶夫的《彼得与狼》也让我百听不厌。柯普兰是我一直以来
最钟爱的作曲家之一，你一下子就能辨认出他那标志性的铜管
乐，《比利小子》尤其出色。柴可夫斯基的很多作品我也爱听，
其中我的最爱是《胡桃夹子》。此外我还收藏了大量音乐剧作
品——艾文·伯林、约翰尼·莫瑟、勒纳与罗依、哈罗德·阿
伦、罗杰斯与哈默施泰因，以及了不起的霍兰－多齐尔－霍兰
（Holland-Dozier-Holland）制作组合。我非常崇拜他们。

　　我很喜欢墨西哥菜。我是一个素食主义者，也幸好我本来
就最喜欢新鲜的蔬菜和水果。

　　我喜欢玩具和各种小玩意儿。市面上各种厂商推出的新玩
意儿我都愿意了解尝鲜，如果真的有意思我也会买下来。

　　我特别喜欢猴子，尤其是黑猩猩。我自己养的黑猩猩名叫
"泡泡"，它给我带来了很多欢乐。我去旅游或远足都喜欢带
着它，它能让我忘却烦恼，是个很棒的宠物。

　　我爱伊丽莎白·泰勒。她的勇敢激励着我。她一生经历了
那么多大起大落，而她最终都挺了过来。这位女士遭遇了那么
多磨难，全凭自己的能力走了出来。我对她有着强烈的共鸣，
或许是因为我们都有作为童星的经历。当我俩第一次通电话时，
她就告诉我，她觉得自己跟我仿佛已经是多年老友，而我跟她
的感觉简直一模一样。

　　凯瑟琳·赫本也是我的好朋友。第一次见到她，我对她还
有些畏惧。那时我作为简·方达的客人，刚刚来到《金色池塘》

的拍摄现场，准备待上一阵子。我们聊了一会儿之后，她就邀请我第二天共进晚餐。我觉得自己很幸运。从那之后，我们就开始来往，并且一直保持着亲密的联系。记得吗，就是凯瑟琳·赫本劝我在格莱美颁奖典礼上摘下墨镜。她对我有着巨大的影响力。她也是一个很坚强的人，也很注重隐私。

我认为艺人应该尽力为观众树立一个坚强的榜样。只要你愿意去尝试，你就能取得令人震惊的成就。如果你处于压力之下，那就更要全力以赴，把压力视作动力，不管你在做什么，都要做得更好。在观众面前，艺人就有义务表现得坚强而美丽。

在过去，艺人的形象往往带有悲剧性色彩。很多杰出的艺人由于压力而吸毒酗酒，甚至因此死亡。这真的很令人遗憾。作为他们的粉丝，你没有机会再看到他们随着年龄增长而更上一层楼了。人们忍不住会想，如果玛丽莲·梦露或吉米·亨德里克斯还活着，他们在 1980 年代会带来多少精彩表演啊。

很多名人都说，他们不希望自己的孩子进入演艺圈。我能理解他们的感受，但我并不赞同他们的观点。如果我有儿子或女儿，我会说："无论如何，你都要做自己，朝着你认为正确的方向前进吧，如果你想做什么，就放手去干。"

对我而言，最重要的事莫过于给人们带来欢乐，让人们暂时放下生活的重担，摆脱各种忧愁烦恼。我希望他们在我的演唱会散场之后，边朝外走边说："这演出真是太棒了，我真想再看一遍，我今晚过得可开心了。"对我而言，这就是全部意义所在。能为人带来欢乐的感觉真的很棒。这也是为什么我无法理解那些名人不希望自己的孩子踏入演艺圈。

我想，他们之所以那么说，是因为他们自己曾经受到过伤害。这一点我倒是可以理解，因为我也被伤害过。

——迈克尔·杰克逊

加利福尼亚，恩西诺

1988 年

我们期待被真相所打动，期待着有一天能够领会生活的真相。所以我们运用自身的感受和经历，无论是绝望还是欢愉，为生活增添几分意义的同时，也希望能够触动其他人。

　　这就是艺术的最高境界。那些领悟的时刻是我继续生活下去的动力所在。

——迈克尔·杰克逊

2009 年再版后记

《月球漫步》于1988年由双日出版社出版，杰奎琳·肯尼迪·奥纳西斯和沙耶·阿尔哈特是迈克尔·杰克逊本书的编辑。

迈克尔·杰克逊的笑容富有感染力，他本人也有着很棒的幽默感。1983 年，我和杰奎琳·肯尼迪·奥纳西斯来到他位于恩西诺的家中，对他进行了初次拜访，他是一位亲切迷人的主人。当时他的母亲凯瑟琳以及妹妹拉托娅和珍妮也在家中，拉托娅和珍妮看起来就像是高中生一样青春靓丽。迈克尔的穿着就跟他平日里一样———一双黑色懒汉鞋，配白色袜子，黑色休闲长裤，白色（有时则是蓝色）的牛津长袖外套里头穿着一件白色 T 恤。他风趣可爱，尽管有点儿害羞，但还是看得出来，他为杰奎琳前来拜访他而感到荣幸，当我们提出希望他写本书时，他也很高兴。

杰克逊夫人在我们的面前摆满了食物，我们边吃边聊，此后迈克尔邀请我们参观他的屋子和花园。我们一路上看到不计其数的奖杯、奖章、金唱片奖，以及大量他与名人的合照：弗雷迪·阿斯泰尔、詹姆斯·布朗、伊丽莎白·泰勒等等，你几乎能在照片中找到美国1983年的所有当红明星。迈克尔有着无可挑剔的礼貌，他也丝毫没有炫耀的意思，但你可以看出来，他对自己取得的成就是深感骄傲的——作为一个来自印第安纳州加里市的小男孩，能达到今天的成就和地位，他当然值得骄傲。

　　我们参观的最后一个房间里摆着一个大大的玻璃缸，上面盖着盖子。这个玻璃缸摆放在一张矮桌上，很难看清里头到底有什么。当时杰奎琳和我正打量着四周，欣赏着鸟笼中几只美丽的鸟儿，没去注意迈克尔在干什么。这时，他突然从玻璃缸前转过身来，笑嘻嘻地说："看这儿，沙耶，你想抱抱'肌肉'吗？"他伸出手来，缠绕在他手上的是一条非常漂亮的蟒蛇。我接过蟒蛇，感觉就像抱着一匹湿漉漉的绸缎布料，让我吓了一跳的是，这蛇开始在我手里滑行，我生怕它掉下来，连忙大叫起来。迈克尔宠溺地把蛇拿了回去，脸上看起来似乎还有些失落。过了很久之后，他拿这件事跟我打趣，我才意识到他当时是希望——迫切希望能吓得我尖声大叫，甚至是把我吓到歇斯底里地逃出房间。他的内心就是个孩子——过去是，现在也一直都是。

　　我们在洛杉矶时，迈克尔正在拍摄《颤栗》的MV，他邀请我们去看看他正在进行的工作。第二天，我们来到工作室，遇到了约翰·兰迪斯，他当时是MV的导演。我们也看到了拍摄现场，那里的地面上分布着不明用途的洞，就好像里面会有食尸鬼钻出来似的。迈克尔和约翰还打趣说，要是我们掉进洞里受了伤，那可要引起保险纠纷了。紧接着我们又被带去了迈克尔的拖车上，我们跟迈克尔就在拖车里开始讨论这本书到底要做成什么样。迈克尔是个很注重视觉效果的人，他提议这本书要图文并茂，要做成那种漂亮得可以放在咖啡桌上当摆设的"茶几书"。我们对书的形式原本也没有固定想法，因此想到哪儿就聊到哪儿。也就是在那个时候，迈克尔问杰奎琳等书写完了能否请她给书作序，杰奎琳欣然答应。等我们回到纽约的时候，我们已经跟迈克尔签订了本书的合同，准备郑重其事地开始工作了。

277

在迈克尔创作《月球漫步》的四年期间，我不时跟迈克尔一起工作，一起旅行。我见证了他给世界带来欢乐，也见识了他对我们大多数人眼中的现实的全新观点。迈克尔是一个艺术家，而艺术家跟我们是不一样的。他们不会待在办公室里，按部就班地埋头工作，安分守己，永远彬彬有礼。

迈克尔以音乐为生，音乐就如同他的呼吸。不管是在下台阶还是在开车时，当他张开嘴巴，一首他正在创作的歌曲，或是一段从他脑海中划过的旋律就会响起在你的耳畔。而你只要听力正常，就会意识到在你身边的这个人是个显而易见的音乐天才，这种感觉是很奇妙的。

　　我们都知道，迈克尔被剥夺了正常的童年，他对此始终难以释怀，而他的内心则似乎还住着那个永远没有长大的孩子。比起我们这些拥有童年的幸运儿，他更能意识到童年对人的重要性和特殊性。他长期生活在成年人的圈子里，困惑不解而又日益不安地目睹着这个充满暴行、恶意中伤和猜忌恐惧的、尔虞我诈的世界。他过早地接触到了这一切，所以他才不愿意变成这样的成年人。童年中很多最基本的东西，他都不曾拥有，没有玩耍，也没有闲暇，他只有工作。他到处奔波，从一个夜总会到下一个夜总会，从一个演出场所到下一个演出场所，从香烟袅绕塞满醉汉的酒吧到埃德·沙利文秀的表演现场。他从来就没有过童年，有的只是艰苦的工作，以及肩上的重担，而他那时只不过是个有副好嗓子的小男孩，但当他站在舞台的升降台上，却表现得有他自己年龄五倍大那么老练。

　　等到迈克尔·杰克逊足够年长，并且在经济上没有后顾之忧后，他开始着手创造他自己的世界。那是一个和平友爱的世界，在那个世界里，自动贩售机里装满你所能想得到的所有糖果，而且全都不要钱；你不仅可以在空无一人的电影院里畅享爆米花和汽水，而且你想看什么电影放映员就播放什么电影；在那里，黑猩猩穿着水手服，而快乐是唯一的流通货币。迈克尔爱跟孩子们待在一起，理由就像他很多次告诉过我的那样：

　　"孩子们不会对你撒谎，他们纯洁、天真、善良，跟他们在一起就像跟天使在一起那样幸福。"

　　我和杰奎琳希望迈克尔能写写他的生活，因为哪怕从策划这本书开始算起，他在演艺圈里也已经待了二十多年之久。他是一名了不起的艺人、歌手、词曲创作者，也是一名令弗雷德·阿斯泰尔都赞不绝口的伟大舞者。这位才惊艳绝的年轻人会在书中说些什么？他会讲述什么样的故事？他都经历过哪些事？事实上，由于长时间地过度暴露在公众视线之中，迈克尔越发看重他仅剩的不为人知的那部分生活。他从小到大生活的每个阶段都被媒体公布于众，其中有事实也有捏造。他希望通过写书能亲自澄清人们对他的误会，但对于他来说，最重要的还是替他自己和他所爱的人保留一点隐私。

　　第二次去洛杉矶见迈克尔的时候，我们带上了设计师J.C.苏亚雷斯，以及一大堆艺术素材和大张画纸。我们站在迈克尔家巨大的餐桌前，听他说他想把这本书做成什么样。迈克尔酷爱画画，而J.C.则擅长快速勾勒出各种页面设计，我们就这么各抒己见，讨论着关于这本书的无穷可能性。

　　最终的成品，就是你手中的这本《月球漫步》——书的开本比预计要小，但满满都是迈克尔最爱的影像照片，还有他的画像和签名。他特意签在白纸上，以便我们能够把签名印在首页。他很爱他的歌迷，因此希望每个拿到书的人都能感觉自己手里的书是作者亲笔签名版。

　　迈克尔有着独具一格的眼光。是他想出了单只白手套以及装点指尖的网状白布条，还有那些舞台上的制服；是他想出了跟几十名身穿蓝色制服的警察一起列队前进的酷炫场面；也是他想出了上百人着装统一在街头呼啸而过的戏剧化场景，令观者战栗不已，大呼过瘾。他总能找到最合适的天才与之合作，并且牢牢把控着他的 MV 中的每一个细节。他更喜欢称呼 MV 为电影短片，而他也确实是按照电影短片的标准来打造每一个 MV。

我跟他在一起的时候，好几次遇到有人上门来找他，就他们手头在制作的内容征求他的认可。他要求要做就要做到最好，要值得让人掏钱去买，要做成不会过时的经典。他真是一个完美主义者。再看看他做的那些 MV，好好看看其中的每一个细节，你会注意到每个镜头都是精心拍摄的，每一套服装，每一处布光，无一不是煞费苦心。他的手在掌控着这一切，他凭精准的眼光作出最终定夺，确保一切都尽善尽美。

但愿我可以说，他对这本书也投入了同样的精力。迈克尔是一个爱书的人，他到哪儿都会带着书。但写书这件事确实不像找到一个正确的音符，一段美妙的舞步或一个合适的吉他手来得那么令人兴奋，也正因为如此，他花了很长时间才完成这本书。尽管如此，他也是想让《月球漫步》得以出版，不然就根本不会有这本书了。而他完成这本书的方式也很有意思。起初我们想找个作家来帮他写书，但他认为对方无法捕捉到他真正的想法。他建议我或者杰奎琳来洛杉矶，由我们来向他提问，他来录下自己的回答，到时候我们根据录音进行整理抄写，他

280

再进行通读，在此基础上添加材料，或由此引发灵感，想起更多的故事。我过去从来没有做过访谈，因此表现得笨嘴拙舌的，但他对我非常随和体谅。很多个下午，我们就在他位于恩西诺的家中二楼的私人会客室兼图书馆里，开着录音机进行访谈。

那是一间舒适的屋子，实木镶嵌的墙面，顶天立地的书架，还有真正的壁炉。通常，我们会坐在壁炉前，迈克尔伸长四肢躺在沙发上，我在地板上盘腿而坐，跟我的录音机一样忐忑不安。我所要做的是设法引导迈克尔开口，让他一个接一个地说出关于他的故事：关于他的童年，关于他的家庭，关于他终于接到摩城电话时的感受，关于伯瑞·高迪和戴安娜·罗斯是如何走进他的生活的。好在迈克尔终于打开了话匣子，他说个不停。然后我们就把他口述的内容通过录音誊写下来，再把稿子交给他。迈克尔会对着稿子再进行加工，而我也会在一旁进行协助。

到了晚上，我们有时会在放映室里看场电影。我还记得有一个晚上，迈克尔带着我跟他的好友兼顾问卡伦·兰福德去了洛杉矶郡儿童博物馆，他们在闭馆之后破例为我们开放了几个小时。我们对着魔术墙又蹦又跳直到筋疲力尽，我们站在旋转灯前玩得不亦乐乎，还跳进了装满塑料球的池子里嬉闹了一番。在回家路上，迈克尔让司机在靠近好莱坞大道和凡恩大道的路口停下，他跳下车，在好莱坞星光大道上那颗属于他的星星上热舞了一番，还唱了一小段很棒的歌，这才跳回车里，在夜色中扬长而去。真是有他在的地方就有精彩，他就是这么个兴致勃勃又风趣可爱的妙人儿。

我对迈克尔的访谈持续了几年时间——鉴于我在纽约双日出版社还有一份全职工作，而迈克尔还要忙着拍摄 MV，写歌，录制新专辑，访谈工作只能断断续续进行，所以才拖了那么久。好在最后我们还是把所有录音稿都整理了出来，并且交给了一位真正的作家，他很快就把稿件改写成了叙述文体。当这位作家，斯蒂芬·戴维斯，把终稿交上来的时候，迈克尔已经去亚洲进行"真棒"巡演了。出版社的 CEO，阿尔佩托·维达莱希望这本书能尽快出版，毕竟，前前后后已经快四年了。我跟他解释说，迈克尔此刻正在进行世界巡演，我们要等他回来，看完书稿并且确认其中内容之后才能出版，这至少还要几个月的时间。

"你去找他。"他说。"去日本？"我震惊了。"有何不可？"他说话向来如此惜字如金。于是我赶紧打电话给迈克尔的工作人员，问他我是否可以加入他的巡演之旅，以便跟他尽快把《月球漫步》的书稿给定下来。迈克尔说没问题，但他建议我去澳大利亚跟他会合，他在日本的档期被排得密不透风，在澳大利亚的日程安排则不会那么疯狂。墨尔本是澳洲巡演的首站，接下来是悉尼和布里斯班。我可以在墨尔本跟迈克尔会合，然后一路跟着他，直到我们把书稿定下来为止。

在墨尔本，我第一次见识到了巡演中的迈克尔有多厉害，他就像个电动表演者一样不知疲倦，演了一场又一场，我看了一场又一场，场场观众爆满，巨大的人群为他而欢呼疯狂。尽管我没有跟随他去其他地方巡演，但我敢说澳洲人全都爱上了迈克尔·杰克逊！

　　只有在迈克尔没有演出的晚上，我们才能集中精力改稿子。我从纽约来墨尔本的时候就把原稿给复印了两份。跟迈克尔碰头的第一天晚上，我问他打算如何进行定稿工作，我的建议是我们两个人同时看同一页稿子，他觉得哪里需要修改，我就在我手头的这份稿件上进行修改。结果迈克尔一脸茫然地看着我，我改口说："要不我读给你听，你觉得哪里需要修改，就让我停下来进行修改？"这回他咧嘴一笑，说："这个主意好多了！读给我听吧！"

283

　　于是，1987 年 11 月的前两周，在墨尔本和悉尼——只要迈克尔有时间，我就抓着他进行定稿工作。我穿着牛仔裤坐在床的一头，他穿着红色绸缎中式睡衣靠在床的另一头，我一字不漏地念着《月球漫步》的稿子，他则耐心地进行更正或补充，我们就这样一页页推进下去，直到收尾。当我们翻过最后一页，全书终于定稿，我们好好庆祝了一番，然后我带着最终定稿飞回了美国。

　　12 月，迈克尔结束巡演回国，我跟他在洛杉矶再次汇合，我们讨论了书封上要放什么内容，以及书发售时要如何进行广告宣传。迈克尔说得很清楚，他不会上电视或广播节目去宣传这本书，不过他倒是建议我可以在书发售之后出面谈谈这本书的制作过程，我后来也确实这么做了几次类似的宣传活动。

然而，在书马上就要下厂印刷之前，迈克尔突然毫无征兆地对这本书爆发了信任危机。他的律师、顾问兼好友约翰·布兰卡在我们做书期间也参与其中，提供了不少帮助，就是他打电话到双日出版社，告诉我这个坏消息。我整个人都懵了：当时整本书都已经做好了——前言、照片、封面设计——一切都已经准备就绪，就等着印刷了。我跟杰奎琳对书的最终效果也很满意，就期待着它问世了，结果迈克尔却改变主意，不想出这本书了。

差不多有一周，迈克尔、约翰、卡伦、双日出版社的每个人，全都为了打破这个僵局而挣扎不已。我认为迈克尔是突然意识到这本书会暴露过多的自我而陷入恐慌。他从未如此之多地谈及他自己、他的家庭和他的生活。他过去从来没有出过书，而书的影响力是巨大的，一旦他的话语变成铅字，就永远无法收回了。他不禁要担心，人们会喜欢书中所写的内容吗？他是不是在书中说得过多了？让全世界都知道他的所感所想，他真的能做到坦然自若吗？最终，他冷静下来，决定随它去吧，于是我们终于可以开始印刷了。

《月球漫步》刚一问世就登上了《纽约时报》畅销书榜的第一名，它成为了全球范围的畅销书。那是1988年，迈克尔对这本书受到如此关注而欣喜自豪，我们也深有同感。

　　我希望你们通过阅读《月球漫步》认识真正的迈克尔·杰克逊，并且乐在其中。他是一个不世之材。我过去从未遇见过任何像他这样的人物，我敢说将来也不会再遇到了。

沙耶·阿尔哈特

2009 年于纽约

图书在版编目（CIP）数据

　　月球漫步 /（美）迈克尔·杰克逊著；黄玥玥译.
— 上海：上海三联书店，2024.9
　　ISBN 978-7-5426-8089-1

　　Ⅰ.①月…　Ⅱ.①迈…　②黄…　Ⅲ.①杰克逊
（Jackson, Michael 1958–2009）—自传
Ⅳ.①K837.125.76

　　中国国家版本馆CIP数据核字（2023）第127658号

MOONWALK by MICHAEL JACKSON
Copyright © 1988 BY THE ESTATE OF MICHAEL JOSEPH JACKSON
This edition arranged with THE JOY HARRIS LITERARY AGENCY, INC.
through BIG APPLE AGENCY, INC., LABUAN, MALAYSIA.
Simplified Chinese edition copyright:
2024 Shanghai Joint Publishing Company Limited
All rights reserved.

著作权合同登记　图字：09-2023-0273号

月球漫步

著　　者 /［美］迈克尔·杰克逊
译　　者 / 黄玥玥
责任编辑 / 张静乔　钱凌笛
装帧设计 / 徐　徐
监　　制 / 姚　军
责任校对 / 王凌霄
出版发行 / 上海三联书店
　　　　　（200041）中国上海市静安区威海路755号30楼
邮　　箱 / sdxsanlian@sina.com
联系电话 / 编辑部：021-22895517
　　　　　　发行部：021-22895559
印　　刷 / 上海盛通时代印刷有限公司
版　　次 / 2024年9月第1版
印　　次 / 2024年9月第1次印刷
开　　本 / 655mm×960mm　1/16
字　　数 / 150千字
印　　张 / 19
插　　图 / 12页
书　　号 / ISBN 978-7-5426-8089-1/K·726
定　　价 / 98.00元

敬启读者，如本书有印装质量问题，请与印刷厂联系021-37910000